中国历史

古代史

1（青少版）

中国地图出版社 编著

中国地图出版社
·北京·

图书在版编目（CIP）数据

中国历史：青少版．1，古代史 / 中国地图出版社编著．－－北京：中国地图出版社，2023.11

ISBN 978-7-5204-3430-0

Ⅰ．①中… Ⅱ．①中… Ⅲ．①中国历史－古代史－青少年读物 Ⅳ．① K209

中国国家版本馆 CIP 数据核字（2023）第 206121 号

1 ZHONGGUO LISHI（QINGSHAO BAN）GUDAI SHI
1 中国历史（青少版）古代史

出版发行	中国地图出版社	邮政编码	100054
社　　址	北京市西城区白纸坊西街 3 号	网　　址	www.sinomaps.com
电　　话	010-83490076　83495213	经　　销	新华书店
印　　刷	河北环京美印刷有限公司	印　　张	15
成品规格	170mm×240mm		
版　　次	2023 年 11 月第 1 版	印　　次	2023 年 11 月河北第 1 次印刷
定　　价	79.00 元		
书　　号	ISBN 978-7-5204-3430-0		
审 图 号	GS（2022）5496 号		

* 本书中国国界线系按照中国地图出版社 1989 年出版的 1∶400 万《中华人民共和国地形图》绘制。
* 如有印装质量问题，请与我社联系调换。

前言

近年来，传统文化复兴的呼声日渐高涨，这也体现在中学教育的导向上。中华文化绵延5000多年，历史学是其重要载体。中国人历来重视修史，尤其看重历史"鉴今"的功用。对中学生来说，其国家观、历史观正处于关键的形成期。爱国必先知史，只有了解祖国的来历，才能正确认识祖国。

然而，历代流传下来的历史文献多用文言文写成，又包含众多典故，这让普通中学生望而生畏。而且，史书浩繁，如果不加选择地阅读，读者将不易获得对中国历史主流的认识。因此，一套去粗取精、难度适宜的"中国史"就成为广大中学生提升历史核心素养的不二选择。

《中国历史（青少版）》是基于教育部初中历史课程标准编写的，按照断代顺序分为2册。这套书由国内教育专家和重点中学的一线优秀教师合作完成。在书中，他们将数十年的教学经验、系统的历史知识用大家喜闻乐见的语言呈现出来，可以让读者完整、立体地认识中国历史，厚植家国情怀。

除了主体文字，本书还包含精美插画、高清图片和历史地图，内容翔实、形式多样，唯美、直观、有趣地呈现了波澜壮阔的中国史。本书让你爱上历史，主动阅读，成为"知兴替，明得失"的更优秀的自己。

目 录

我们从哪里来？——人类的起源 ……………………… 01

神州轩辕自古传——炎黄子孙的来历 ……………… 07

最早的民主实践——原始部落禅让制 ……………… 12

父传子，家天下——夏朝的历史 …………………… 19

失民心者失天下——武王伐纣 ……………………… 25

烽火戏诸侯——西周的灭亡 ………………………… 31

以血缘维系的"金字塔"——分封制与宗法制 ……… 36

春秋盟主——齐桓公称霸 …………………………… 41

"立木为信"的魄力——商鞅变法 …………………… 46

合纵与连横——战国七雄的兼并 …………………… 51

纸上谈兵的悲剧——长平之战 ……………………… 56

横扫六合，天下归一——千古一帝秦始皇 ………… 62

大风起兮云飞扬——汉高祖刘邦 ················ 68

三分天下——孙刘联军火烧赤壁 ················ 73

司马昭之心——西晋的短暂统一 ················ 76

王与马，共天下——东晋奇闻 ·················· 80

开皇之治——隋文帝的功业 ···················· 84

争夺权力的巅峰对决——玄武门之变 ············ 87

"千秋疑案"陈桥兵变——赵匡胤建北宋 ·········· 90

父子皇帝同被俘——靖康之变与北宋灭亡 ········ 94

犬牙相入，以北制南——元朝的行省制度 ········ 99

从乞丐到皇帝——明朝的建立者朱元璋 ·········· 102

新疆的来历——清朝巩固西北边疆 ·············· 106

我们从哪里来？——人类的起源

> **导语**
> 你是不是曾思考过，"我的祖先是谁？"是女娲娘娘捏出来的小泥人？上帝造的亚当、夏娃？还是来自星星的你？在这些说法中，哪一个是真实的？咱们来一探究竟吧。

远古时代，没有文字、照片、视频，我们应该怎样探究人类的起源呢？这要感谢考古学家，他们像警察破案一样，在土壤中寻找骨骼化石、炭屑烧骨、石器工具等"证据"，证明我国境内很早就有远古人类。而且，他们的分布十分广泛。

目前，在我国境内，已知最早的远古人类是距今约170万年的元谋人。在云南省元谋县，考古学家在一处荒凉的山坡上发现了他们的牙齿化石。他们可以直立行走，于是我们称其为"直立人"。对现代人而言,直立行走是大家普遍具有的身体机能之一。然而,对于比元谋人更早的远古人类而言,直立行走并不容易。因为脑容量太小,在行进时,他们和动物园里的猿猴并没有太大差别,也是采用手脚并用的方式攀爬、奔跑的。经过漫长的进化,他们才慢慢站直。直立行走使得人类能更容易地抬头望天或环顾四周,大大开阔了他们的视野。同时,他们的双手获得解放,可以做更多事情。可见,"直立行走"对人类而言是一件多么重要的事情。

历史的车轮不断转动,到达距今 70 万—23 万年的北京西南周口店。这里前有蜿蜒流淌、盛产鱼类的周口河,后有森林密布、出产各种动植

◀ 周口店遗址

物的龙骨山。考古学家在周口店发现了大量骨骼化石，它们来自四十多个不同的男女老幼。这说明，当时有一个相当完整的古人类群体在此繁衍生息，我们称他们为"北京人"。借助这些骨骼化石，考古学家大致复原了北京人的模样：面部低而扁，前额低平，颧骨和眉骨突出，鼻子宽扁，嘴巴前伸，牙齿粗大。北京人的平均身高约为156厘米。看到北京人的复原头像，你也许会想，老祖宗真谈不上帅气或美丽。他们的相貌接近猿，为什么要将其定义为"人"？这是因为，北京人遗址中有两样重要的遗存——用火遗迹和石器工具。

考古学家对遗址的土壤、石壁进行检测，发现了明显的火烤痕迹，还挖出了木炭、灰烬、烧石、烧骨，这说明北京人可以使用火！火的使用，使北京人从吃生食进化为吃熟食，而吃熟食更利于消化，使人更加强壮。同时，火还可以用于取暖、照明、驱赶野兽，让北京人住得更加温暖舒适、安全安心。火的使用，可真是人类进化史上了不起的进步啊！具体而言，北京人使用的火是天然火，比如雷电击中草木引发的火。他们通常轮流照看火源，保存火种。

◀ 北京人用火
（场景复原）

　　此外，北京人遗址中出土了十多万件石器，有砍砸器、刮削器、尖状器等众多类型，我们称这些纯手工制作的石器为"工具"。它们虽然粗糙，却能帮助人类获取更多的食物，极大地增强了北京人利用自然的能力。石器工具的出现是人类发展史上重要的里程碑！

　　借助火和石制工具，北京人具有了更强的生存能力。然而，他们的生活环境却危险重重：森林中遍布野兽，包括三门马、肿骨鹿、有象牙一般尖牙的剑齿虎……众多不利因素使北京人的平均寿命远低于现代中国人。他们想要活下去，就必须团结起来，成群结队地居住在一起，共同对抗野兽，获取食物，照顾彼此，我们将这种生活方式称为"群居"。

我们从哪里来？——人类的起源

▲ **北京人头盖骨下落不明**

　　1929年12月2日，中国古人类学家裴文中发现了北京人头盖骨化石，这对研究人类起源具有非常重要的学术意义。抗日战争爆发后，为了这些化石的安全，原本存放在北京协和医学院的头盖骨被安排转运到美国暂存。然而，在运送途中，北京人头盖骨却无端失踪了。这些化石是毁于战火，被劫掠到日本，还是仍在中国？其下落成为世纪悬案。图为北京人头盖骨模型。

　　距今约18 000年，周口店出现了更有智慧的人，我们称其为"晚期智人"，即住在北京人遗址"楼上"的山顶洞人。通过对山顶洞人八个不同个体的化石的研究，考古学家发现山顶洞人的模样与现代人基本一致。他们的平均脑容量也和现代人差不多，充满智慧的大脑使他们的生活非常"上档次"。在他们生活的地方，考古学家

◀ 复原后的山顶洞人

发现了居室、厨房、仓库、墓穴。山顶洞人也会用火,他们的食物来源不再局限于野兽和野果,还包括附近河中的鱼类。更令人惊叹的是,山顶洞人会将兽皮缝制成衣服,会把石子、兽牙、贝壳等穿成彩色项链,这说明他们已经掌握了磨光、钻孔的技术。

山顶洞人生活的时代,亲情已经产生。有血缘关系的人生活在一起,构成了"氏族社会"。当有亲人死亡时,山顶洞人会在死者的尸体周围撒上赤铁矿粉,而一些死者生前惯用的物品则会成为陪葬品,这是中国目前已知的较早的墓葬文化。在漫长的进化过程中,我们的祖先一步步迎来文明的曙光。

神州轩辕自古传
——炎黄子孙的来历

导语 众所周知,我们中国人有"炎黄子孙"的别称。这个名字是怎么来的?让我们一起探究远古历史吧。

在山东省嘉祥县,有当今中国规模较大、保存较完整的汉画像石群:武氏墓群石刻。在其中,有一幅画像尤为引人注目。只见画像中央有这样一位人物,他头上有角,耳鬓如戟,手持戈矛,足蹬弓矢,俨然一副战神的模样。相传,这就是九黎之君"蚩尤"。这幅画描绘了古时候一次震动天地的大战——黄帝战蚩尤。

通过这一距今久远的画像,我们似乎看到了当时激烈的战况。接着,我们不禁要问,黄帝为什么要与蚩尤大战呢?战斗的结果如何?

◀ 明人绘黄帝画像

相传，在几千年前，中国的土地上生活着很多原始部落，其中有熊氏、神农氏和九黎族逐渐强大起来。这三大部落的首领分别是黄帝、炎帝和蚩尤。

黄帝，姓公孙，名轩辕。传说，他刚一出生，就灵性十足，不久便会说话；幼年时，黄帝思维敏捷，诚实勤奋；成年后，他见闻广博，擅长发明创造，为部落发展作出了很多贡献。他受到人们的爱戴，成为部落首领。

炎帝，姓姜。传说，他天生聪慧，长大后向各部落传授刀耕火种之法，功劳不小。然而，出

神州轩辕自古传——炎黄子孙的来历

清人绘炎帝画像 ▶

于本部落的私利,炎帝常常带领军队,进攻其他部落。为了自保,各部落陆续归附有熊氏。于是,炎帝便将矛头对准了黄帝。双方在阪泉(今河北省涿鹿县东南)交战,黄帝征服了炎帝,两大部落从此组成了炎黄联盟,黄帝成为部落联盟的首领。

正值炎黄联盟发展之时,在蚩尤的带领下,九黎族开始为乱四方。九黎族掌握了炼铜技术,能制造出各种各样的铜兵器,增加了其本就强大的攻击力。黄帝心系百姓,不想让他们再次遭受战乱的伤害。一开始,宅心仁厚的黄帝想通过谈判的方式劝说蚩尤停止战争,但是蚩尤不肯罢

◀ 黄帝战蚩尤

休，多次进犯炎黄联盟。

黄帝认识到，蚩尤不讲仁义，若再姑息，无异于养虎为患。百姓纷纷支持黄帝讨伐蚩尤。很快，黄帝带兵到达涿鹿（今河北省涿鹿县东南），并与蚩尤展开决战。

战斗打响后，蚩尤施展妖邪巫术，呼风唤雨。炎黄联盟的士兵离他越近，雨越大，风越强。蚩尤催动巫术，偷袭对手，炎黄联盟的士兵不断倒下。危急关头，黄帝请来了天女"魃"，最终打败了蚩尤。

蚩尤战败后，拒不投降。无奈之下，黄帝杀死了蚩尤，并将九黎族的部分百姓纳入炎黄联盟。从此，联盟越发强大起来。

后来，炎帝和黄帝被尊为中华民族的共同祖先，"炎黄子孙"就成了中国人的代称。

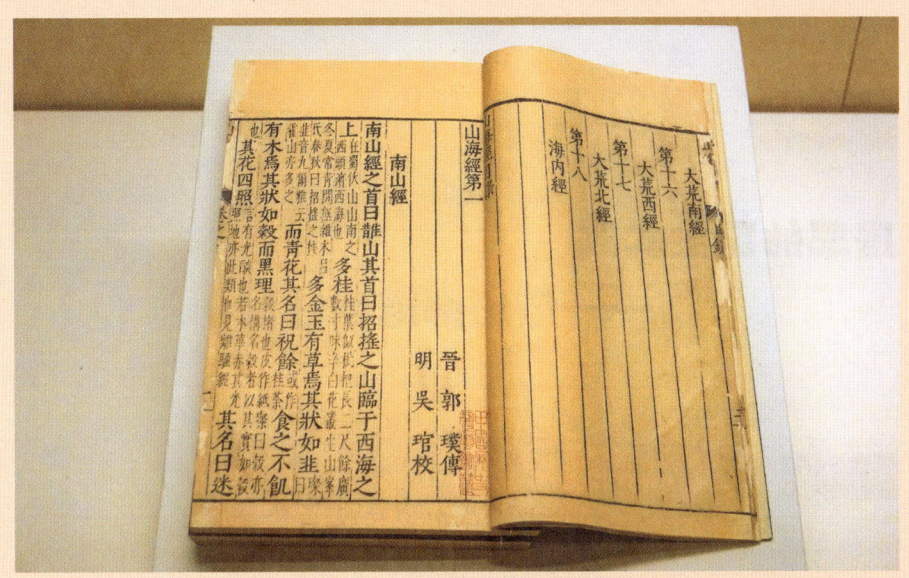

▲《山海经》共十八卷,包括《山经》五卷和《海经》十三卷。作者不详,各卷撰成年代亦无定论,显然并非出自一时、一人。书中保存了大量远古时代的神话传说,是研究中国远古社会生活的重要文献。

最早的民主实践
——原始部落禅让制

导语　《三字经》《千字文》是中国传统启蒙读物。《三字经》记载,"唐有虞,号二帝。相揖逊,称盛世。"《千字文》里也有"推位让国,有虞陶唐"。你知道"有虞"和"陶唐"是谁吗?"推位让国"又是什么意思呢?

在山西省临汾市,有一座尧庙。据记载,多个朝代的皇帝都曾到这里祭祀。那么,尧庙中供奉的是谁呢?为什么尧庙会建在临汾?

原来,尧庙供奉的是远古时代的尧帝,他就是《三字经》《千字文》中提到的"唐""陶唐"。我国较早的历史文献《尚书》记载"尧都平阳",意为尧帝的都城是平阳,即古时的临汾。近年

临汾尧庙 ▶

来，考古学家在临汾市襄汾县发掘了陶寺遗址。通过科技手段，专家判断，陶寺文化的时间断限为公元前2500年至公元前1900年。2015年，中国社会科学院考古研究所举行了"山西·陶寺遗址发掘成果新闻发布会"。会议指出，陶寺遗址很有可能是尧的都城。

那么，历史上的尧帝到底有什么功绩？他和有虞氏之间的"推位让国"又是怎么回事呢？让我们走近他们生活的时代吧。

黄帝之后，先后产生了多位部落联盟首领，其中就包括尧。尧帝处理部落事务得心应手。在他的领导下，百姓安居乐业。为了让自己做得更好，听到更多好的建议，尧想了一个主意。他让人在交通要道设立一根木柱，以横木交于柱头。

◀ 陶寺遗址发掘现场

这一设施的出现，是方便行人在上面刻写对尧或部落联盟的意见。它被称为"诽谤木"，其功能类似于现代的意见箱。随着时间的推移，"诽谤木"不断发展变化，成了现在的华表。不论是诽谤木还是华表，都时刻提醒后世君王要像尧帝一样勤政爱民。像尧这样有能力、心中装着百姓的首领，大家能不爱戴吗？就连孔子都说，尧是古代圣贤中最伟大的一位。

不知不觉间，尧帝已经当了几十年首领。他觉得自己年纪大了，应该尽早确定继承人。这可是部落里的大事，不能草率，于是尧决定找大家来商量一下。有人推荐尧的儿子丹朱，尧觉得丹朱过于顽劣，并非合适的人选。他认为，继承者应是一位贤能的人。于是，大家又推举了舜。尧

华表 ▶

问:"我听说过舜。这个人怎么样?"

大家说,舜是个很可怜的人。他的母亲早逝,父亲双目失明,糊涂偏心,再婚后又生一子,名"象"。继母和象经常刁难、陷害舜,但舜却能孝顺父母,爱护弟弟。尧听了,决定对舜进行考验。尧把自己的两个女儿嫁给了舜,观察舜处理家庭事务的能力。在舜的努力下,他的两位妻子与公婆的关系非常融洽。尧还安排他到不同的地方工作。首先,舜到历山脚下种地,发现这里的农民为了争夺土地经常打架,导致农活没人干,地都荒了。舜建议大家平分土地,大家欣然接受了舜的建议,不再抢来抢去,社会恢复了安定的局面。在舜的影响下,当地农民还互相帮助,邻里之间更加和睦。然后,舜去了雷泽(在今山东省鄄城县东南、菏泽市东北），在岸边捕鱼。为了争夺好的捕鱼场所，这里的渔民互不相让，经常发生冲突。舜决心改变这种局面。除了少量自用的鱼，他把自己捕来的大部分鱼分给鱼捕得少的人。此外，他还经常把自己发现的好渔场让给其他人。在他的影响下，雷泽的渔民变得互相谦让，社会风气大幅好转。舜每到一个地方，都能用高尚的德行感化大家。尧看到舜德才兼备，就把治理天下的大权交给了他。讲到这

▲ 历山

相传，舜帝耕田于历山，其今地所在说法不一，包括：在山东省济南市东南；在山东省菏泽市东北；在山西省垣曲县东北；在山西省永济市东南；在浙江省余姚市西北；在浙江省永康市南；在湖南省桑植县西北。图为垣曲历山。

里，你应该知道有虞氏是谁了吧。不错，有虞氏就是舜帝，"推位让国"讲的就是尧舜禅让的典故。

　　舜帝在位时，最棘手的事就是治理天下泛滥的洪水。一想到百姓正面临农田被淹、居无定所的悲惨遭遇，舜帝就吃不下饭，睡不着觉。怎样才能彻底治理水患呢？尧帝在位时，曾命鲧治水，鲧让百姓筑起堤坝，堵截洪水，这样治了九年，到了舜帝时，水患依旧。鲧不得力，有谁能接替他，担当治水重任呢？舜看中了鲧的儿子禹，并发动各个部落，令他们配合禹，全力投入治水工程中。禹带领大家开展实地调研，决定采用疏导的方法，根据地势的高低开渠排水。方案确定后，禹和治水大军一起，冒着严寒酷暑劈山破土，治理水患。他曾三次路过自家门口，却都因为心系治水工程而没有进门，"三过家门而不入"的典故就来源于此。禹带着大家没日没夜地苦干了十三年，终于彻底制服了洪水，百姓从此过上了安心的日子。禹建立了大功，成了人们心中的治水英雄，后人为了表示尊重，称他为"大禹"。

　　到了晚年，舜也效仿尧帝"推位让国"，将

▲ 韶山，位于湖南省湘潭市。传说，舜帝南巡途中，曾在韶山演奏赞美太平的韶乐，韶山因此而得名。

部落首领的位子禅让给了治水有功的禹。几千年来，尧和舜被推崇为贤君的典范，尧舜禅让的故事则反映了中国历史早期的民主实践。

父传子，家天下——夏朝的历史

导语

你知道中国历史上的第一个王朝吗？它的建立者是谁？你知道以选贤任能为特点的禅让制是如何被代替的吗？

我们熟悉的"大禹治水"的主角——禹，本是夏后氏部落领袖。治水成功后，禹深受民众拥护，便顺理成章地接替舜，成为部落联盟首领。

继位后，禹统领大军，平定了在南方叛乱的三苗部落，进一步增强了自己的威望。为了巩固权力，他在涂山（今安徽省怀远县东南）召集各部落首领开会。此外，禹将九州进贡的青铜铸成了九个鼎，用以象征九州。禹成了各部落的君长，他已掌握了最高的王权。至此，一个国家正式诞生了，这就是中国历史上第一个王朝——夏朝。

◀ 大禹像

虽然这是一个全新的时代，但王朝的统治者禹却面临着此前各个时代的领袖都要解决的问题，那就是谁来做他的继承人。皋陶是和禹一起辅佐过舜帝的功臣，很有威望。因此，禹曾选择皋陶做他的接班人。然而，皋陶未及继位就去世了。伯益曾和禹一起治水，禹认可他的能力，便推举伯益做自己的接班人。不过，伯益并非没有竞争者。禹的儿子启十分能干，而且具有一定的政治影响力。为了争夺王位，启暗自笼络了一些部落首领，形成了自己的派系。

父传子，家天下——夏朝的历史

▲ 夏时期全图

　　继位后的第十年，禹到东部地区视察，在会稽山（在今浙江省中部绍兴市、嵊州市、诸暨市、东阳市之间）突然去世。随后，伯益接掌了禹的权力。然而，启的支持者反对伯益执掌国政。他们纷纷表示，只认可启继承禹的大位，甚至各方首领不去朝见伯益，而去朝见启。失去支持的伯益最终被启取代。自此之后，禅让制被终结，取而代之的是世袭制。

　　启破坏禅让制的做法令有扈氏不满，于是该部落起兵伐启。启率军应战，不久有扈氏的势力

◀ 会稽山大禹陵

被消灭。为了使世袭制得到其他部落的认可，启在钧台（今河南省禹州市南）召开大会，各部落纷纷赶来朝拜、进贡，表示臣服，史称"钧台之享"。由此，启的地位获得了天下的承认。

启死后，他的儿子太康继承了王位。太康不关心百姓，只是纵情享乐。他出游打猎，一去就是一百天。他的昏庸无道让一个叫后羿的部落首领有了抢夺王位的机会。不久，太康的权力被后羿夺走了。不过，后羿也是个不称职的统治者。他有高明的箭术，喜欢出门打猎，便不理朝政，还把军国大事交给亲信寒浞处理。随着时间的推移，寒浞的野心不断膨胀。他一方面不断向后羿献媚，以麻痹后羿，另一方面以小恩小惠笼络人心。后来，寒浞杀死了后羿及其亲属，篡夺了统治大权。随后，寒浞大肆消灭亲夏的势力，同时四处追杀启的子孙。在历史上，这一时期被称为"太康失国"。仲康是太康的兄弟，他的孙子少康积蓄力量，最终灭掉了寒浞。至此，夏朝的王位重新回到启的子孙手中，史称"少康中兴"。

当王位传到桀时，夏朝的统治走到了末路。桀生活奢侈，为人残暴，毫无爱民之心，人民对他的暴政忍无可忍，纷纷诅咒他快点灭亡。此时，黄河下游的部落"商"开始崛起。商的首领汤起兵讨伐桀，桀兵败于鸣条（今山西省运城市东北），夏朝就此灭亡。

作为中国历史上的第一个王朝，夏朝历时四百多年。到目前为止，尽管没有文字资料证明夏朝的存在，但2004年启动的"中华文明探源工程"系列考古工作证明，今河南省洛阳市偃师区二里头遗址很有可能是夏朝后期都城的遗址。遗址内出土了宫殿、居民区、制陶作坊、窖穴、墓葬等遗迹，还有大量石器、陶器、玉器、铜器、骨角器等遗物，其中的青铜爵是目前所知中国最早的青铜容器之一，而镶嵌着绿松石的装饰品则代表了那个时代玉器制作的较高水平。《夏小正》是中国最早的物候专著，从中可以看

◀ 二里头遗址考古现场

出，夏朝人已经测算出一年有十二个月。这些都说明，中国的原始野蛮时代结束了，文明时代开始了。

失民心者失天下——武王伐纣

导语 纣王、姜子牙、酒池肉林，这些人物和故事出现在什么时候呢？是不是妲己祸乱朝政，最终导致商朝灭亡的？商朝灭亡后的历史又是怎么发展的？别急，看看下面你就知道了。

1976年，陕西省临潼县（今陕西省西安市临潼区）的一处周代遗址出土了一批青铜器。经研究，有关人员发现其中一件青铜器内刻有铭文四行，共三十三字。这些铭文记录的是"武王伐纣"的故事。对于"武王伐纣"，史有明文，但其发生的时间却一直是个谜。通过"夏商周断代工程"，专家最终确定，武王伐纣发生在公元前1046年，这件青铜器因此得名"武王征商簋"（又名"利簋"），现在藏于中国国家博物馆。

▲ 商时期全图

"武王伐纣"是周武王与诸侯联军讨伐商纣王帝辛,最后灭商建周的故事。

帝辛是商朝最后一个王,他天资聪慧,耳目灵敏,气力超人。据说,他能徒手与猛兽格斗。然而,他却因此心生傲慢,认为自己是天下最有本事的人,瞧不起群臣,听不进忠言。他偏信宠妃妲己,还横征暴敛,以求填满自己的钱库。在沙丘(今河北省广宗县西北),他命人在池子里注满了酒,把肉稠密地悬挂起来,像树林一样。他和妲己、宠臣一起,饮酒寻欢,通宵达旦。如

炮烙之刑

相传，"炮烙"是纣王用的一种酷刑：用炭烧铜柱，令有罪者爬行其上。人堕入火炭中即被烧死。

果有大臣对他的荒唐行为提出反对意见，就会被施以残酷的炮烙之刑。时间久了，敢进谏者多被杀害或驱逐，他的周围聚集着阿谀奉承之徒。他发动对东夷的战争，导致很多商朝士兵无辜战死。由于纣王昏庸，所以一些拥护商朝的部落开始远离他。

此时，位于岐（今陕西省岐山县东北）的诸侯国"周"，正日渐强大。周的君主姬昌（史称"周文王"）与商朝有杀父之仇：其父季历死于商王文丁之手。周文王虽有灭商之心，但此时周的国力还不足以与商抗衡，所以他忍辱负重，潜心经营。纣王对周国并不放心，便找借口囚禁了周文王。当时，周文王的大儿子伯邑考在商朝做人质。纣王便杀害了伯邑考，并把他做成肉汤，赐给周文王。周文王怀着杀父、杀子之痛喝下了肉汤，并誓死灭商。为求自保，他装作若无其事的样子。同时，他的臣子送给纣王许多奇珍异宝。纣王见

◀ 明人绘周文王画像

周文王的表现不错,认为他对自己构不成威胁,便把他放了。

周文王回到周国,把悲痛和仇恨深埋心底,不懈发展国力,等待灭商的机会。周国鼓励生育,国家帮助百姓养育新生儿。百姓去世了,国家帮助家属一起埋葬死者。贫穷的人得到救济,灾民获得赈济。在这样的仁政下,周国的人口数量快速增长,尤其是劳动力有了大幅增加,这有效促进了农业经济的发展。

有一次,周文王在山林里看到满地枯骨,就吩咐随从将其埋葬。随从说,这些枯骨无主,所以不必埋。周文王生气地说,我是这个国家的主人，自然是这些枯骨的主人。消息传出后，大家被他的仁义之心感动，很多诸侯前来归附。

为成就大业，周文王广招天下贤能之士，有抱负的人纷纷为他效力，其中最有名的就是大家熟知的姜子牙。姜子牙本在纣王手下供职，他有报国之志，但纣王无道，姜子牙因此感到失望，便弃官而去。他对周文王的德行十分钦佩，听说对方在招贤纳士，便去投奔，并在渭水（今渭河）北岸见到了周文王。经过一番交谈，周文王惊喜地发现，姜子牙的见识非同寻常，对天下大势的分析头头是道。他感叹道："吾太公望子久矣！"意思是，从我祖父起，我们家就想得到一位像先生这样能治国安邦的圣贤。于是，周文王拜姜子牙为太师。

姜子牙不负所望，帮助周文王开疆拓土，加快了灭商的步伐。经过一番征伐，周国"三分天下有其二"。遗憾的是，未及灭商，周文王便因病去世，他的次子姬发（史称"周武王"）即位。周武王尊姜子牙为"师尚父"，命他统领周国军事。另一方面，纣王更加暴虐无道，他身边的忠臣实在看不下去，纷纷前来劝谏。纣王哪里听得进去，他杀了叔父比干，囚禁了哥哥箕子。其他

◀ 明人绘周武王画像

正直的大臣忍无可忍，纷纷离他而去。

此时，灭商的时机已经成熟。周武王通告诸侯共同伐商，诸侯军纷纷前来，与周军一起组成数万联军。联军来到商都朝歌（今河南省淇县）附近的牧野（今河南省淇县西南），周武王在这里誓师，战士们士气高涨。纣王听闻联军将至，便临时纠集士卒七十万，妄图负隅顽抗。虽然双方军队在数量上非常悬殊，但联军团结一致，战斗力强，商军却如散沙一般，毫无斗志。刚一交战，商军便纷纷倒向联军。纣王见大势已去，就在鹿台（在朝歌）自焚而死。周军进驻朝歌，商朝灭亡，西周开始。

烽火戏诸侯——西周的灭亡

> **导语**
> 你知道西周是怎样灭亡的吗？传说中的"烽火戏诸侯"是否确有其事呢？

在陕西历史博物馆里，陈列着一座重35千克的三足圆鼎。鼎腹内刻有铭文，共二百七十余字，其中"多友"二字出现了数次，因此该鼎被考古学家命名为"多友鼎"。这篇铭文以纪实手法记述了一场鲜为人知的战争：西周晚期的某年，西北游牧部落犬戎侵犯京畿，周王派遣骁勇善战的多友率兵抵御，他四战四捷，将犬戎逐出周境。周王赐给多友很多财物，以表彰他的赫赫战绩。为了感谢周王，也为了纪念这次胜利，多友铸造了这件圆鼎，并在其中铭刻自己的功勋。

在史书中，犬戎是西北地区古老的游牧民族之一。《史记》记载，西周君主周穆王征伐犬戎，

> ### 铭文
>
> 铭文是刻写在金石等物上的文辞，具有称颂、纪念等功用，多为韵语。铭文是历史的见证和记录，我们可以通过它们研究当时的政治、经济、社会状况等。

"得四白狼四白鹿以归"。西周中期以后，犬戎逐渐兴盛，不时骚扰周的边境，终于在公元前771年攻破周都镐京（今陕西省西安市长安区西北镐京村附近），灭亡了西周。

说到西周的灭亡，你听说过"烽火戏诸侯"吗？这个故事出自《史记》：周幽王是西周末代君主，他有一位宠妃，名叫"褒姒"。褒姒十分美丽，却冷若冰霜，不喜欢笑。为了逗褒姒开心，周幽王想尽办法，她却始终不笑。周幽王最

◀ 多友鼎

烽火戏诸侯——西周的灭亡

▲ 西周时期全图

终决定，在烽火台上做文章。

当时，从都城到边关，沿途遍设烽火台。一旦敌寇进犯，守军立刻点燃烽火，向天子、诸侯报警。诸侯见了烽火，知道天子有难，会起兵救驾。这天，周幽王带着褒姒登上城楼，上演了一出"褒姒笑诸侯"的荒唐闹剧。原来，周幽王命人点燃烽火，谎报军情，并成功引来诸侯军。赶到镐京城下时，诸侯军见城内灯火辉煌，鼓乐喧天，才知道上了当。大家狼狈不堪，却敢怒不敢言，只好气愤地收兵回营。褒姒见千军万马招之

▲ **烽火台**

"烽火"是两种信号：白天放烟叫"燧"，夜间举火叫"烽"。烽火台是施放烽火的高台。敌情发生时，台台相连，以此通过烽火传递消息，是古代重要的军事防御设施。

即来，挥之即去，如同儿戏一般，觉得十分好玩，不禁嫣然。

然而，有人对这个故事的真实性提出了质疑。历史学家钱穆在《国史大纲》里就曾说过，"诸侯兵不能见烽同至，至而闻无寇，亦必休兵信宿而去，此有何可笑？"他的意思是，诸侯在各地，并不能同时到达，到了之后见并无战事，无非休整兵马，歇息两夜就回去了，有什么好笑的呢？2008年，清华大学获得了一批战国竹简。在其中一组竹简中，专家发现了有关西周灭亡的记载，但其中并没有提到"烽火戏诸侯"的故事，这似乎也在某种程度上证明了这个故事并非史实。

烽火戏诸侯——西周的灭亡

◀ 烽火戏诸侯

目前，我们可以确定的是，西周的灭亡和宫廷斗争有直接关系。周幽王偏爱褒姒，想废掉太子宜臼和太子的母亲申后，另立褒姒为后，以褒姒的儿子伯服为太子。申后的父亲是申侯，即申国的国君。他不满周幽王的做法，联合缯国、犬戎对抗周幽王。犬戎攻破镐京，周幽王携褒姒、太子仓皇出逃，终被犬戎追上。周幽王被杀死于骊山（今陕西省西安市临潼区东南）脚下，西周亡。随后，诸侯联军打败犬戎，拥立宜臼为王（史称"周平王"）。镐京残破，犬戎虽然暂时受挫，却时刻窥伺镐京。平王无奈，只得迁都雒邑（今河南省洛阳市东北汉魏故城），这成为东周的开端。

以血缘维系的"金字塔"
——分封制与宗法制

导语 山西博物院有一件珍贵的文物：造型奇特的"晋侯鸟尊"。它头微昂，回首凝望远方，仿佛在回顾晋自诞生以来的历史变迁。晋国因分封制而生。那么，分封制是什么呢？它为周朝带来了怎样的变化呢？

1978年，在湖北省随县（今随州市），考古发掘工作正在一座大墓旁紧锣密鼓地进行着。只见考古队员谨慎地操作着设备，将墓中的水慢慢抽干。随着时间的推移，三根横梁和梁下的一件件古钟重见天日。在场的人见了，无不为之惊叹。原来，那时即将完全出土的就是后来大名鼎鼎的"曾侯乙编钟"。曾侯乙编钟建造于战国时代，由六十四件钟和一件镈组成，总重达2500多千克。

以血缘维系的"金字塔"——分封制与宗法制

晋侯鸟尊 ▶

  上文中的大墓名为"曾侯乙墓"。除了编钟，曾侯乙墓还出土了很多精美的青铜礼器。这座大墓中的出土文物令我们思考：乙是谁？为什么他被称为曾侯？为什么他的随葬品如此丰厚精美？

  这要从周朝建立之初讲起。当时，周武王是"天下共主"，被称为"周天子"。他将王室宗亲、功勋卓著的重臣等分封到各地，赐予他们极大的权力。这些受封者被称为"诸侯"，前文中提到的"晋侯鸟尊""曾侯乙编钟"中的"侯"，便是由此而来。诸侯可以在封地上建立自己的国家，也就是"诸侯国"。在诸侯国内，诸侯世代占有

◀ 曾侯乙编钟

封地及其居民。当然，享有权力的同时，他们也有必须履行的义务。如果周天子要对外作战，诸侯应带领自己的军队参加。此外，诸侯要定期向周王进献贡物。

为了解决继承问题，巩固分封制形成的统治秩序，周朝贵族内部按照血缘关系的远近来分配政治权力，这就是宗法制，其核心内容是嫡长子继承制。周天子的王位由嫡长子继承，称天下的"大宗"，是同姓贵族的最高家长，也是政治上的共主，掌握国家的军权和政权。天子的庶子被分封为诸侯，对天子为"小宗"，在本国为"大宗"，其职位亦由嫡长子继承。诸侯的庶子被分封为卿大夫，对诸侯为"小宗"，在本家为"大宗"，其职位亦由嫡长子继承。从卿大夫到士，其"大宗"与"小宗"的关系与上同。于是，西周社会形成了"天子—诸侯—卿大夫—士"的贵族阶级,形似金字塔。在此基础上,血缘关系与等级制度相结合,国与家就联系在了一起,统治基础得到巩固。

不同等级的贵族,在生活中享有不同的待遇,这体现了与分封制相伴的礼乐制度。《论语·八佾》中记载了一个小故事:卿大夫季氏本来应该用的乐舞是四佾,却斗胆用了天子才可以用的八佾。再比如,曾侯乙按照规定只能使用七鼎六簋,但其墓葬里出土的却是九鼎八簋。这说明,季氏、乙生活的春秋战国时代,礼乐制度开始逐渐瓦解,西周形成的血缘"金字塔"终将崩塌。

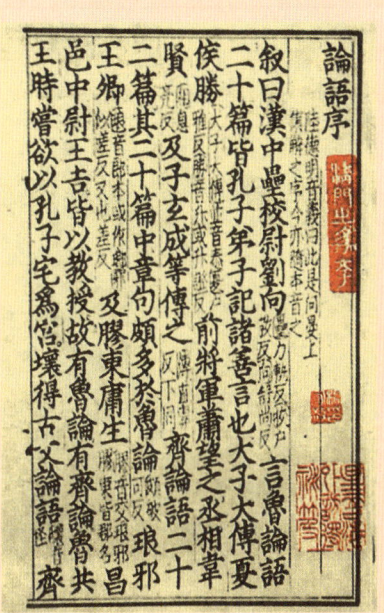

宋代刻本《论语》

分封制与宗法制互为表里,是周朝维持统治的政治基础。然而,由于诸侯国具有相当大的独立性,随着时间的推移,血缘关系不断淡化,诸侯国不再听从周天子的命令,这为诸侯争霸埋下了伏笔。

春秋战国

公元前770年,周平王将都城迁到雒邑(今河南省洛阳市东北汉魏故城),建立了东周。东周分为春秋与战国两个时代,春秋(前770年—前476年)因鲁国编年史《春秋》一书而得名,战国(前475年—前221年)因《战国策》一书而得名。

春秋盟主——齐桓公称霸

> **导语**
>
> 你知道"春秋五霸"吗?其中,排名第一的是谁?他是怎样成为霸主的呢?

春秋时代,周王室衰微,周天子缺乏对全天下的号召力,基本成了摆设。有实力的诸侯打着"尊王攘夷"的旗号谋求霸权,比如"春秋五霸"之首齐桓公。

齐桓公,姓姜,名小白。他的哥哥齐襄公统治时期,齐国的政局动荡。为了避祸,小白逃到莒国,他的师傅是鲍叔牙。齐襄公十二年(前686年),宗室公孙无知杀掉齐襄公,自立为君。第二年,公孙无知被杀,一时间齐国大乱。齐国正卿高傒是小白的好友。他见齐国无君,立即秘密通知小白,让他赶紧回国夺位。

这时,小白的哥哥公子纠在鲁国,他也得

> ✓ **尊王攘夷**
>
> "尊王",即拥护周天子为天下共主。"攘夷",即抵御周边各族对中原的攻扰。春秋时代,"尊王攘夷"一度成为政治潮流。

到了消息。在鲁国军队的护送下,公子纠启程回国。同时,公子纠的师傅管仲带兵埋伏在从莒国到齐国的路上。当小白一行进入伏击圈后,管仲一箭射中小白的带钩。小白顺势倒地装死,骗过了管仲。消息传来,公子纠一行认为小白已死,于是放慢脚步,六天后才到达齐国。这时,他们惊讶地发现,小白不但没死,还被立为了国君。于是,"齐桓公"走上了历史的前台。

齐桓公即位后,第一件事是派兵攻打鲁国。鲁国战败,为了向齐国谢罪,便杀了公子纠,囚禁了管仲。可齐桓公还感到不解气,想要一并除掉管仲,但鲍叔牙劝说道:"如果君上只想让齐国强大,叔牙和高傒便可以帮您办到。如果君上想成就天下霸业,那么管仲不但杀不得,还应委以重任。"齐桓公听了,怕因为复仇之心错杀贤才,便假借雪恨之名把管仲接到齐国。在与管仲谈论

管仲像 ▶

称霸蓝图之后,他大喜过望,决定任用管仲为卿,并尊称他为"仲父"。管仲见齐桓公有如此胸怀,深受感动,决心全力辅佐他。

在管仲的帮助下,齐桓公推行改革。他按土地肥瘠征税,节制力役的征发,禁止掠夺家畜。他还主张开发渔盐之利,铸货币,平物价,允许罪人用兵器或铜赎罪。此外,齐桓公重视人才选拔,以优秀者为士。经过改革,齐国的经济水平进步明显,军队的战斗力和国力大增,于是他走上了称霸之路。

除了治国有方,齐桓公还能虚心纳谏。齐桓公五年(前681年),齐国攻打鲁国,鲁国战败后要向齐国割地,齐桓公应许。此后,双方国君

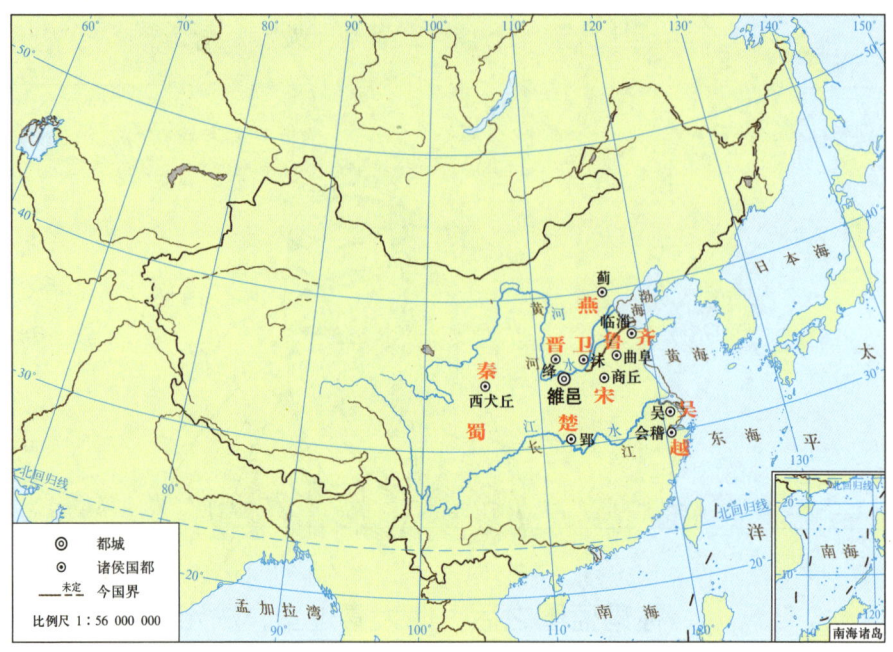

▲ 春秋时期全图

举行会盟。在此期间，鲁国武士曹沫劫持了齐桓公，胁迫其归还鲁国的土地。齐桓公为保性命，只能暂时答应，但在重获自由后，他却想反悔。管仲劝说道："不可，不要因贪图一时的痛快而失信于天下。"于是，齐桓公信守诺言，归还了鲁国的土地。

齐桓公三十四年（前652年），周惠王崩，太子郑畏惧王子带争位，不敢发丧，求助于齐。齐桓公召集诸侯，助太子继位，史称"周襄王"。次年，齐桓公在葵丘（今河南省民权县东北）与诸侯会盟，襄王不但派使者与会，还把祭祀用的肉赐给齐桓公。在春秋史上，葵丘之会意义重大，这标志着齐桓公正式成为霸主。

齐桓公之后，春秋时代的其他四位霸主（晋文公、楚庄王、吴王阖闾、越王勾践）开启了"你方唱罢我登场"的激烈角逐。为了争夺更多的土地、人口和财富，诸侯不断发动兼并战争，严重冲击了西周以来以血缘关系为纽带的宗法制度。

"立木为信"的魄力
——商鞅变法

导语 战国时代,出现了七个强大的诸侯国:齐、楚、燕、赵、魏、韩、秦,史称"战国七雄"。其中,秦国地处中原之外,国力相对薄弱。然而,到了战国后期,秦国却一跃成为七雄中最富强者,并一举打败六国,统一天下。那么,秦国的国力为什么会发生这样巨大的变化呢?

商鞅,战国政治家、法家代表人物。他是卫国人,所以又被称为"卫鞅"。后来,他入秦为官,因战功得封商(今陕西省丹凤县西北)、於(今河南省西峡县)十五邑,因称"商鞅"。

少年时代,商鞅喜爱法家学说,深受其影响。长大后,因为贤明有才,他得到魏相公叔座的欣赏，从而进入公叔座的家中做事。后来，公叔座病重，临终时魏惠王来看望他，问谁可以接替他。公孙座说，商鞅年轻有为，值得重用。然而，魏惠王并没有采信他的话。商鞅空有满腔抱负，却无用武之地。正在苦闷之际，他听说秦国在招贤纳士，便来到秦国，向秦孝公讲述自己的强国之策，得到了对方的认可。

当时，在七国中，秦国国力弱小。而且，由于不在中原，秦国向来受到六国的鄙视。秦孝公三年（前359年），秦孝公为了实现富国强兵的愿望，打算在秦国推行变法，但他又担心变法会招致天下人的议论，所以犹豫不决。

一天，在朝会上，秦孝公与大臣们商议变法之事。甘龙、杜挚认为变法益处不大，遵循旧的礼法、制度才是治国的根本。商鞅表示反对，他认为治理国家没有一成不变的办法，只要有利于国家，不必坚守旧的法度。他还说，明君是因为不沿袭旧的法度，所以能统一天下，而那些昏君正是因为不懂得改弦更张而亡国。秦孝公听了商鞅的话，大为赞赏，便决定实行变法措施。

想要变法，先要取信于民。商鞅担心，秦国百姓不相信自己，法令得不到贯彻。于是，他

◀ 商鞅像

命人在国都（今陕西省宝鸡市凤翔区南）集市的南门处竖起一根三丈高的木杆，并宣布：谁能把这根木杆搬到集市北门，就给他十镒黄金。百姓见了，都觉得不可思议。在当时，十镒黄金是一大笔钱。搬一根木杆就能得到这么多钱，是真的吗？所以，迟迟无人敢来尝试。商鞅见了，再次宣布：谁能把这根木杆搬到集市北门，就给他五十镒黄金。这时，有个人壮着胆子，把木杆搬到了集市北门，商鞅当即兑现了承诺。从此以后，大家对商鞅的话深信不疑。这就是著名的"立木为信"的故事。

当时，秦国盛行贵族世袭制，很多贵族的

军功、爵位和俸禄可以世代相传。与之相反，奴隶、士兵处于社会底层，就算获得军功，也丝毫改变不了身份地位。为了实现强兵的目标，激发士兵的斗志，商鞅整改秦原有的爵制，参照各国制度，制定爵位等级，其后逐渐形成按照军功大小授予爵位的二十等爵制。这一制度把士兵的作战积极性调动了起来，极大地增强了秦军的战斗力。渐渐地，秦军成为战场上的常胜军。

此外，商鞅命人拆除了田埂地界，让人们重新认领土地，公平地向国家交纳赋税。他还奖励耕织：收获粮食、织出布匹多的人，可以免除徭役。为了促进经济发展，他颁布法定的度量衡

▲ 秦权

　　秦统一六国之后，把商鞅变法时制定的度量衡制度推向全国，以保证全国度量衡的统一。秦权是秦官府批准的统一重量的重要标准。

器，统一度量衡制。

由于得到了国君的支持、人民的信任，商鞅的变法主张得以贯彻，秦国的军事、政治、经济逐渐发展，国力日渐雄厚。秦孝公二十四年（前338年），秦孝公去世，商鞅失去了靠山。不久，那些因变法而利益受损的秦国旧贵族联合起来，杀死了商鞅。

虽然商鞅死了，但是他的新法却未被废除，一代代秦国国君和百姓一起，沿着商鞅开辟的道路继续前行，为后来秦国统一六国奠定了坚实的基础。

合纵与连横——战国七雄的兼并

> **导语**
>
> 战国时代,尽管七个诸侯国大小强弱不同,但没有一个国家能单独对抗其余六国。因此,联络友邦、共同对付敌国是明智之举,也是必然的选择。

2005年7月12日,元代青花罐"鬼谷子下山图"在英国佳士得拍卖行以2.3亿元人民币的天价拍出,创造了当时中国艺术品在世界上的最高拍卖纪录,震撼了国内外学术界和艺术品收藏界,而瓷罐画面中的主人公——鬼谷子也成为人们津津乐道的人物。

据说,鬼谷子培养出了四个不世奇才。除了大家熟悉的军事家孙膑、庞涓,还有纵横家张仪和苏秦。"纵横"即"合纵""连横"。"合纵"即弱国联合起来进攻强国,以防止强国的兼并。

◀"鬼谷子下山图"罐

"连横"是弱国跟随强国去进攻其他弱国,以达到兼并土地的目的。纵横家,就是通过游说各国参与合纵、连横,来吞并或削弱别国的谋士。除了张仪和苏秦,比较有名的战国纵横家还有公孙衍和范雎。我们一起看看,他们是如何凭借自己的三寸不烂之舌搅动战国大势的。

秦国自商鞅变法以来,国力逐渐增强,并不断进攻其余六国。为了抵御秦国的攻势,魏襄王元年(前318年),魏国大臣公孙衍主导了合纵攻秦,参加的国家有魏、赵、韩、燕、楚五国,楚怀王为纵长。然而,五个合纵国并不是一条心,所以步调不一致。五国联军虽然到了函谷关(今河南省灵宝市东北),实际与秦交战的却只有魏、赵、韩三国。次年,秦派庶长樗里疾率兵与魏、赵、韩在修鱼(今河南省原阳县西南)作

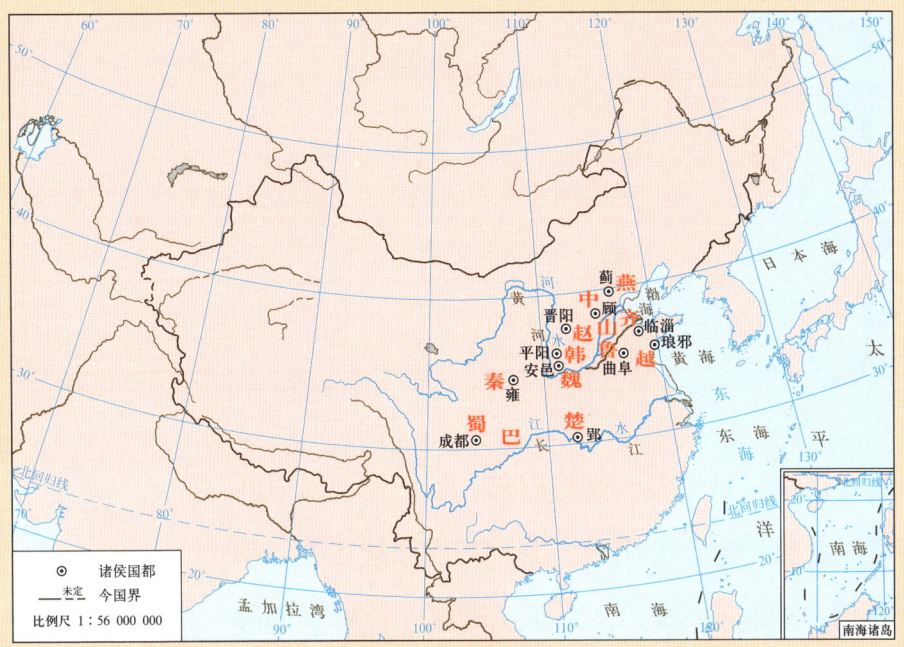

▲ 战国时期全图

战，把联军打得大败。"五国合纵伐秦"遭到失败，但秦国却在西线受到游牧部族义渠的袭击。原来，在五国攻秦前，公孙衍对义渠君说："如果秦和中原诸侯不打仗，一定会焚烧、抢掠您的国家。"后来，五国伐秦，义渠君也随之起兵攻秦，并大败秦军。后院起火，使秦国不得不一度把战略重心转向周边的部族，东进的步伐也减缓了。

与公孙衍不同，秦相张仪一直主张"连横"，即秦国联合韩、魏两国，对付齐楚联盟。秦惠文王时，秦国想要夺取楚国的汉中地区（今陕西省

> **朝秦暮楚**
>
> 战国时代，秦、楚两个大国相互对立，经常作战，魏、韩、赵、燕、齐等国为了自身的利益与安全，游离在两国之间，时而倾向秦，时而倾向楚。后来，"朝秦暮楚"被用来比喻人反复无常。

秦岭以南，留坝县、勉县以东，乾佑河流域以西和湖北省十堰市郧阳区、襄阳市保康县以西，粉青河、珍珠岭以北）。为了实现这一目标，消除东线可能受到的军事威胁，秦国必须想办法拆散齐楚联盟。于是，张仪被派去游说楚王。

楚怀王盛情接待了这位声名显赫的秦相，问道："您来到我们国家，有什么指教吗？"张仪答道："秦王一直以来都很尊敬您，但十分讨厌齐王。现在，秦王想要讨伐齐国，却怕您会不高兴。因此，秦王想知道您能否与齐国断交？如果楚国不再同齐国往来，我愿请秦王把秦国商（今陕西省丹凤县西北）、於（今河南省西峡县）一带的六百里土地献给您。"楚怀王一听，大喜过望，便与齐国解除盟约，并派将军去接收商、於之地。可此时张仪却开始耍赖，不承认要献给楚王六百里地，只愿给六里。这可把楚怀王气坏了，他立刻发动大军进攻商、於之地。秦惠文王早已料到楚军必来进攻，便作好了全歼楚军的准备。很快，楚国在战场上一败涂地，不仅没抢来商、於之地，还被秦国夺去了汉中。

此后，随着形势的变化，秦国灵活施展纵横术。时间久了，秦国兼并的土地越来越多。秦王政九年（前238年），秦国的东郡东北与燕国接壤，东与齐国接境，北面包围赵国，南面包围韩、魏两国，从而使得东方六国相互间来往中断，不敢再发动合纵攻秦。秦完成统一大业已经是大势所趋。

纸上谈兵的悲剧——长平之战

> **导语**
> "纸上谈兵"是大家熟悉的成语。你知道它背后的故事吗？这个故事对战国历史进程产生了怎样的重大影响呢？

永录1号战国尸骨坑位于山西省高平市境内的长平之战遗址中，坑内有一百多具尸骨，其层层叠压在一起，有的仰面，有的俯身，有的侧身，有的头与躯干分离，有的颅骨上留有刀痕，令人触目惊心。1995年，当地一位农民在修整田地时意外发现了永录1号尸骨坑，此前在该尸骨坑所在地永录村周围已有十余处尸骨坑被发现。2020年，此地再有尸骨坑重见天日。经专家认定，上述尸骨坑极有可能是秦赵长平之战时埋葬赵国降卒的尸骨坑。《史记》记载，长平之战秦军"前后斩首虏四十五万人"，也就是说有赵国将士四十五万人被杀害。随着尸骨坑的不断出土,这场两千二百多年前规模空前的大战再次进入人们的视野。

战国时代,各国争相以变法、改革为途径,增强国力。通过商鞅变法,秦国成为战国七雄中实力雄厚的一方。在赵武灵王"胡服骑射"的军事改革之后,位于秦国东方的赵国军力强盛,成

▲ 胡服骑射

赵武灵王上台初期,赵国军备不强,有亡国之危。他见胡人骑兵短衣窄袖,足穿皮靴,作战灵活,优于赵国的步兵、兵车和长袍甲胄,遂决心学习。赵武灵王十九年(前307年),他下令推行军事改革,命军队穿胡人服饰,发展骑兵,训练他们的马上射箭战术。后来,赵武灵王又命将军、大夫、嫡子等穿胡服。军事改革增强了赵国的军事实力,赵国接连略地克敌,成为当时的强国。图为赵武灵王像。

为可以与秦抗衡的国家。秦昭王三十七年（前270年），秦国曾攻打赵国，却被赵将赵奢击败。秦昭王四十一年（前266年），魏人范雎任秦相，他向秦昭王提出"远交近攻"的策略，即主张将靠近秦国的韩、魏、赵作为秦国兼并的主要目标，同时与齐国等距离较远的国家保持良好关系。后来，秦国攻打韩国，韩桓惠王十分惊恐，派人到秦国，请求献出上党郡（郡治在今山西省长治市北）的土地，以求秦国息兵。而上党郡的郡守冯亭却不愿降秦，他把上党郡的十七个县献给了赵国。见冯亭献地，赵孝成王欣然接受。秦昭王闻讯大怒，决定出兵攻赵。

秦昭王四十七年（前260年），秦将王龁对赵国发动猛烈进攻，长平之战爆发。赵国派老将廉颇迎战。战争初期，赵军小败了几场。廉颇见状，认为秦军劳师远征，补给线漫长，所以利在

远交近攻

结交距离远的国家，进攻邻近的国家。这本来是战国时秦国采用的一种外交策略。秦国用它统一六国，建立了秦王朝。后来，"远交近攻"亦指待人、处世的一种手段。

清人绘赵奢画像 ▶

速战。与之相反,赵军补给近便,所以打消耗战是最好的策略。于是,他率军筑牢壁垒,并不迎战。秦、赵两军在长平相持了三年,不分胜负。面对僵局,范雎派人到赵国散布流言:"廉颇很容易对付,秦国最害怕的是赵奢的儿子赵括。"受家庭熏陶,赵括从小就熟读兵法,与父亲谈论军事时头头是道。然而,赵奢并不赞赏他,赵括的母亲觉得奇怪,就问赵奢其中的缘故。赵奢说:"战争是关乎生死存亡的大事,赵括却把它说得很简单。赵国不用赵括为将还好,如果用他为将,必使赵军遭受危难。"

秦人的流言很快传到赵王耳朵里。在长平前线,廉颇败后畏战,早已引起赵王的不满。加之流言的影响,他要把廉颇调回,换赵括为主将。虽然老臣蔺相如与赵括的母亲前来劝阻,赵王却不为所动,坚持成命。赵括一到前线,马上改变廉颇的作战方针,要主动出兵,进攻秦军。秦昭王得知赵王上当,便秘密派名将白起到达前线,代替王龁担任主将。

这天,赵括带兵杀向秦军。秦军佯装败退,引诱赵军至秦军营垒。赵军追击时,白起命令秦军左右两队步兵迂回到赵军后方,截断其后路,又将赵军主力一分为二。赵军被秦军围困,断粮四十六天,大量赵军饿死。见迟迟等不来援军,赵括亲率精锐部队强行突围。最终,赵括被秦军乱箭射死。见主将丧命,赵军士兵纷纷向秦军投

◀ 白起画像

降。随后，白起命令秦军将赵军四十五万人全部活埋，长平之战以秦国获胜而告终。

　　长平之战，是战国时代从未有过的大战。通过这场战争，秦国从根本上削弱了当时关东六国中最为强劲的对手赵国，也令其他五国受到极大的震慑。从此之后，秦统一天下的趋势已不可逆转。

横扫六合，天下归一
——千古一帝秦始皇

> **导语** 提起秦始皇，可以说是家喻户晓。你知道这位伟大的帝王为什么被称为"千古一帝"吗？为了巩固统治，他曾在全国推行"书同文""车同轨"，这又是怎么一回事呢？

在中国历史上，有一个人雄才伟略。在他建立了统一多民族政权之后，中华民族获得了空前的发展机遇。他就是"千古一帝"——秦始皇嬴政。公元前247年，十三岁的嬴政继承王位，为秦王。之后，他开始谋划横扫六国、一统天下的宏图伟业。

其实，秦王嬴政的先辈早就开始为统一做准备了。秦孝公时代，商鞅在秦国变法，使秦国

◀ 秦始皇雕像

逐渐成为战国七雄中实力最强的国家,为一百多年之后秦王嬴政统一六国奠定了基础。嬴政即位后,组建了智囊团,采用"远交近攻"的策略,至公元前221年,先后灭掉韩、魏、楚、燕、赵、齐六国,结束了数百年来诸侯割据混战的局面,完成了统一大业,建立了中国历史上第一个

> ◯ **商鞅变法**
>
> 　　战国时期,各诸侯国为了富国强兵,纷纷进行变法。公元前356年和公元前350年,秦孝公任用商鞅先后两次变法。变法的主要内容包括:废除井田制,准许土地买卖;奖励军功;重农抑商,奖励耕织,奖励垦荒;统一度量衡等。

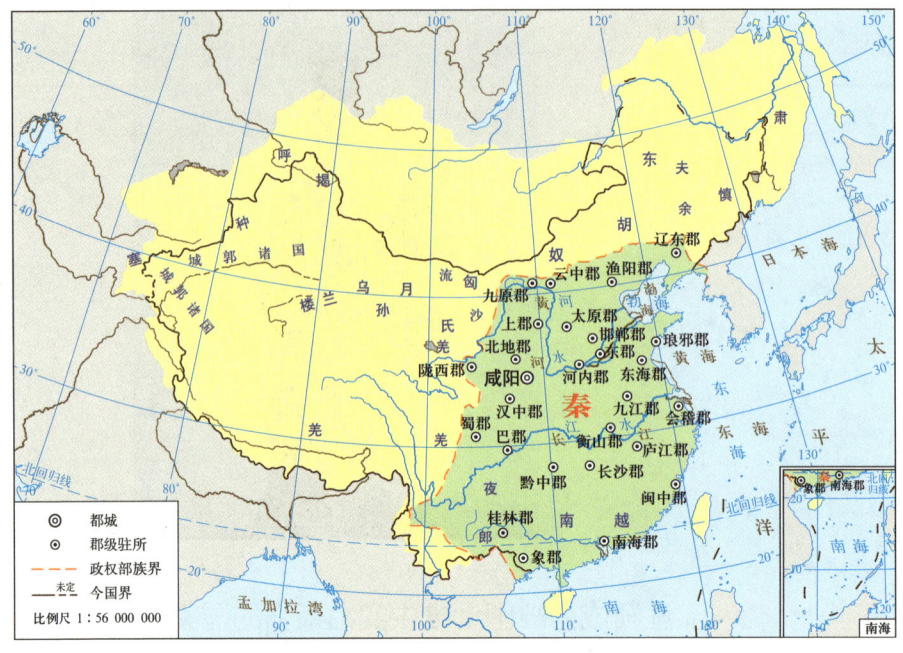

▲ 秦时期全图

中央集权的封建王朝。

  战争的硝烟渐渐散去，秦王嬴政认为自己是统一天下第一人，继续沿用王的称号无法彰显自己的丰功伟绩。大臣们提议，嬴政称"泰皇"。他从中取了"皇"字，又取了五帝中的"帝"字，立号为"皇帝"。为了显示自己至高无上的地位，他自称"朕"，命令叫作"制""诏"，所用的玉印称"玺"。这些称号为皇帝独享，其他人都不能用。嬴政还自称为"始皇帝"，希望把皇帝宝座世世代代地传给自己的子孙。然而，天不遂人愿，令他万万没有想到的是，强大的秦朝竟然只经历了二世就灭亡了。不过，"皇帝"从此成为中国历代封建君主的专有称号，直到清朝灭亡，才退出历史舞台。

嬴政当上了皇帝，接下来，他该如何管理这个帝国呢？秦始皇先在中央组建了"领导班子"，推行三公九卿制，众公卿由皇帝任免，对皇帝绝对效忠。在地方治理上，秦始皇采纳了廷尉李斯的建议，吸取了春秋战国时期实行分封制导致诸侯割据的教训，在全国推行郡县制，实现了中央对地方的垂直管理，加强了中央集权，并为后世地方治理提供了基本模式。

秦朝建立之初，全国尚未统一文字。秦始皇在看奏章的时候，发现其中很多字不易辨认，他发往全国各地的命令也不好执行。于是，秦始皇下令实行"书同文"，规定以秦小篆为统一书体。为推行这种书体，秦始皇令李斯、赵高、胡毋敬分别用小篆体编写了《仓颉篇》《爰历篇》《博学篇》，作为标准文字范本推行开来。后来，在中国大地上，虽然多次出现割据局面，但是文字始终是统一的。文字的统一，促进了各地区的经济文化交流，有利于形成中华民族的民族认同感，成为中华文明传承不息的重要条件。

秦始皇很喜欢坐着马车,去原六国所在地巡视。然而,在战国时代,各国为了防范他国战车的进攻,各自建设了宽窄不同的车道,这给秦始皇出巡造成了不便。于是,秦始皇下令实行"车同轨",规定车轨距离为六尺。此外,他还下令修建了从都城咸阳(今陕西省咸阳市东北)通往四面八方的驰道,驰道相当于当时的高速公路。驰道修好后,若地方有叛乱,秦军可以通过驰道迅速抵达目的地,平息叛乱。同时,驰道还方便了各地间的经济文化交流,进一步加强了中央政府对全国的控制。

除了"书同文""车同轨",秦始皇还有一项伟大的举措,那就是统一货币。战国时期,各国流通的货币在形状、重量和币值上都不一样。天下统一之后,这种情况阻碍了经济发展。因此,秦始皇下令在全国范围内推行半两重的方孔圆钱。

除统一货币外,秦始皇还统一了度量衡。货币和度量衡的统一,便于各地间的经济交流,对巩固封建国家的统一和推动经济文化发展起到了积极作用。

秦始皇以过人的才智完成统一大业,开创了

> #### 直道
>
> 秦始皇三十五年（前 212 年），大将蒙恬主持修筑直道。这条路北起九原（今内蒙古自治区包头市西），南至云阳甘泉宫（今陕西省淳化县西北），是连接关中平原与河套地区的主要通道。由于道路较直，故名。

一个自古未有的局面，对后世影响深远。但由于他实行专制主义，横征暴敛，加上连年用兵，导致民怨沸腾，其亲手缔造的大秦帝国只经历了十五个春秋便轰然倒塌。

大风起兮云飞扬
——汉高祖刘邦

> **导语**
> 汉高祖刘邦的一生充满传奇色彩:从出生到斩蛇起义,再成为大汉帝国的开国皇帝。你想知道详情吗?

战国末年,在沛县(今属江苏省丰县)某湖的湖边,发生了一件奇怪的事情。一天,有位女子在湖边休息,然后就睡着了。突然电闪雷鸣,天昏地暗。当女子的丈夫前去寻找她时,看见一条龙盘桓在她的身上。回家之后,这位女子就有了身孕,后来她生下了一个男孩,这个男孩就是刘邦。

年少时,刘邦不务正业,好吃懒做,父亲骂他"无赖"。长大后,刘邦当了泗水(今江苏省沛县东)亭长。他性格豪爽,豁达大度,结识了很

◀ 刘邦雕像

多朋友,其中不少人成为他的创业集团的骨干。

后来,刘邦到咸阳服劳役。一天,恰好遇上秦始皇出巡,他见了,羡慕地说:"大丈夫就应该是这样的啊!"刘邦因亭长的职责,奉命押送一些役徒去骊山(在今陕西省西安市临潼区东南)服役,而役徒多在半路上逃走。刘邦心想,照这样下去,到了骊山时,这些役徒就都跑光了。因此,走到丰邑(今属江苏省丰县)西边的沼泽时,他便停下来喝酒。入夜后,他解开役徒的绳索,放他们走。其中,有十几位壮士愿意跟着他逃亡。刘邦带着醉意,在逃亡的路上用宝剑斩了一条挡住他们去路的蛇。他又前行数里，因酒性发作，便躺下睡觉。酒醒后，身边的人对他说，一位老婆婆刚才在刘邦斩蛇处哭着说自己的儿子是白帝的儿子，被赤帝的儿子杀了，说完就消失不见了。刘邦听后，心中暗喜。那些跟随他的人对他越发敬畏了。

陈胜、吴广揭竿起义后，各地的起义风起云涌。刘邦趁机，鼓动百姓杀掉了家乡的县令，领着民众举起反秦大旗。不久，刘邦投奔了原楚国贵族项梁的军队。陈胜、吴广失败后，项梁立楚怀王之孙心为王，仍称"楚怀王"。后来，赵军在巨鹿（今河北省平乡县西南）被围，楚怀王派宋义、项羽率领军队去解救赵军，派刘邦率领另一支军队攻打咸阳（今陕西省咸阳市东北）。刘邦经过一番征

◀ 刘邦斩蛇雕像

战，来到霸上（今陕西省西安市东）。秦王子婴乘白马素车，用丝绳系着脖颈，捧着封好的皇帝玉玺和符节，向刘邦投降。

进入咸阳后，刘邦想留在皇宫中。张良、樊哙出面劝阻，刘邦才退回霸上。为了赢得民心，刘邦召集父老，和他们"约法三章"，咸阳的老百姓为此欢呼雀跃。此时，项羽已在巨鹿之战中打败秦军，率兵直奔关中，并设下"鸿门宴"，准备杀掉刘邦，却未得逞，这给了刘邦打败他的机会。项羽占领咸阳之后，大封诸侯，刘邦被他别有用心地封到巴蜀。那个时候，巴蜀是流放犯人的地方。项羽还是不放心，便把三个秦朝的降将封在关中，令其监视刘邦。

面对挫折，刘邦并未沉沦。他听取张良的建议，烧掉了连接汉中和关中的栈道。这么做，一是为了防止他人从背后袭击，二是给项羽吃一颗定心丸，表明自己没有东还的意图。不久，刘邦"明修栈道，暗度陈仓"，突袭关中，迅速平定三秦。就这样，富饶的关中地区被刘邦全部占领了。他以关中为根据地，最终打败了项羽，结束了秦末诸侯割据的局面。

公元前202年，刘邦即皇帝位，建立西汉

王朝。至公元 9 年，外戚王莽取代西汉，建立新朝。23 年，新朝灭亡。25 年，汉室子弟刘秀称帝，建立东汉。东汉末年，军阀割据，战争不休。在北方，实力派曹操平灭了劲敌袁绍，逐步统一北方。此后，中国历史逐渐进入三国时代。

▲ 西汉时期全图

三分天下——孙刘联军火烧赤壁

导语

"烈火张天照云海,周瑜于此破曹公""谈笑间,樯橹灰飞烟灭",中国历代文人留下了许多以赤壁之战为题的诗词,读来令人热血沸腾。那么,历史上真实的赤壁之战是怎样的呢?

曹操统一北方后,准备向南用兵,实现统一天下的抱负。此时,南方能与他抗衡的割据势力,只有孙权和刘备。

建安十三年(208年),曹操亲率大军进攻荆州(约相当于今湖北、湖南两省及河南、贵州、广东、广西的一部)。当时,荆州牧刘琮不战而降。驻守樊城(今湖北省襄阳市樊城区)的刘备为避曹军锐气,与谋士诸葛亮率领部众向江陵(治今湖北省荆州市江陵故城)方向撤退,并令大将关羽领万余水兵顺汉水（今汉江）、溯江水（今长江）会师。曹操得知消息后，率五千精锐骑兵，昼夜行军三百多里，在当阳长坂（今湖北省当阳市东北）击溃刘备军队。刘备率残部逃脱，恰与关羽会合，江夏太守刘琦也领万余人接应刘备。刘备顺汉水，退居夏口（汉江下游注入长江处），并派诸葛亮去柴桑（治今江西省九江市西南）见孙权，准备联合孙权抗击曹军。

孙权见刘备新败，又慑于曹军的威势，对联刘举棋不定。

诸葛亮到达柴桑后，与孙权的重臣鲁肃、周瑜一同为孙权分析形势，指出了曹军的弱点：后方不安、远道劳师、水土不服、短于水战，促使孙权决心抗曹。

曹操想快点儿打败孙权和刘备，就派一支水军过江试探，结果一交战就被打败了。他只好率军退到江北的乌林（今湖北省洪湖市东北长江北岸乌林镇），与孙刘联军隔江对峙。

曹操下令，将战船相连，减弱了风浪颠簸，利于北方士兵作战。周瑜鉴于敌众我寡，若长期相持，于己不利，决意寻机速战。

周瑜的部将黄盖说："曹军的战船首尾相连，

我们可用火攻之计。"周瑜表示赞许。于是，黄盖先向曹操送去一封书信，假意投降。然后，他带船数十艘出发，前面十艘满载浸油的干柴草，以布遮掩，插上与曹操约定的旗号，顺东南风驶向乌林。黄盖接近对岸时，曹操和他手下的官吏皆站在岸边等着黄盖前来，戒备较松懈。此时，黄盖命人点燃柴草，火船乘风闯入曹军船阵，顿时一片火海，火势迅速延及岸边营屯。孙刘联军趁势攻击，曹军死伤无数。曹操见败局已定，率领残兵退回北方去了。

赤壁之战，孙刘联军大获全胜。经此一战，三分天下的格局初步形成。

✓ 三国鼎立

220 年，曹操去世。汉献帝刘协禅位于曹操的儿子曹丕，东汉亡。曹丕建立魏国，都洛阳（今河南省洛阳市白马寺东洛水北岸），史称"曹魏"。221 年，刘备称帝，国号"汉"，都成都（今四川省成都市），史称"蜀汉"。229 年，孙权称帝，国号"吴"，都建业（今江苏省南京市），史称"孙吴"。至此，三国鼎立的局面正式形成。

司马昭之心——西晋的短暂统一

> **导语**
>
> "司马昭之心,路人皆知"是大家熟悉的成语,它的意思是说一个人的野心非常明显,为人所共知。那么,司马昭到底做了哪些事,让他的野心路人皆知呢?

司马昭的父亲是司马懿。司马懿,字仲达,河内温县(今河南省温县西南)人,是三国时期著名的政治家、军事家。他出身于世家大族,初为曹操主簿。曹操受封魏王,曹丕为魏王太子,司马懿改任魏王太子中庶子。他参与国家大政,常有奇策异谋,为曹丕信重。

曹丕死后,魏明帝曹叡立,司马懿受遗诏,与曹真、陈群一起辅政。这一时期,他最为显著的功绩是率大军成功对抗诸葛亮北伐和平定辽东(泛指辽河以东地区)。

景初三年（239年），曹叡去世，司马懿和曹魏权臣曹爽同受遗诏，辅佐年幼的齐王曹芳。曹爽排挤司马懿，夺取了后者的权力。对此，司马懿并不甘心，他假意称病，不参与朝政，却在暗中布置力量，密谋夺权。嘉平元年（249年），曹芳和曹爽到洛阳（今河南省洛阳市白马寺东洛水北岸）城外高平陵祭祀曹叡，司马懿趁此机会，突然发动政变，又诳诱曹爽一党放弃抵抗，束手归洛阳。曹爽轻信司马懿，回城后被诬为谋反，不久其势力完全覆灭。

从此，曹魏政权落到司马氏手中。司马懿死后，其长子司马师继掌大权。他废掉曹芳，另立曹髦为帝。不久，司马师得了重病，死前他把一切权力交给了弟弟司马昭。

司马懿画像 ▶

司马昭总揽大权后，想取代曹髦。为此，他不断铲除异己，打击政敌。曹髦知道自己迟早会被司马昭除掉，于是他要先发制人，除掉司马昭。

一天，曹髦把自己的心腹找来，对他们说："司马昭之心，路人所知也。"他还表示，自己无法忍受就要被司马昭废掉的耻辱，便亲自率领宿卫数百人袭击司马昭。司马昭得到消息，立即派兵阻截，杀掉了曹髦。

事后，司马昭立曹操的孙子曹奂为帝。景元四年（263年），司马昭派大军攻打蜀汉，蜀汉后主刘禅投降，蜀国灭亡。这样，司马氏家族的势力进一步壮大了。

司马昭灭蜀后不久去世。作为他的继承人，其长子司马炎于咸熙二年十二月（266年）代魏称帝，改国号为晋，改元泰始，定都洛阳，史称

◀ 司马昭画像

"西晋"。

与此同时，地处南方的吴政权腐朽不堪，日趋衰败。咸宁六年（280年），司马炎出动大军，一举灭掉吴国，实现了全国统一。

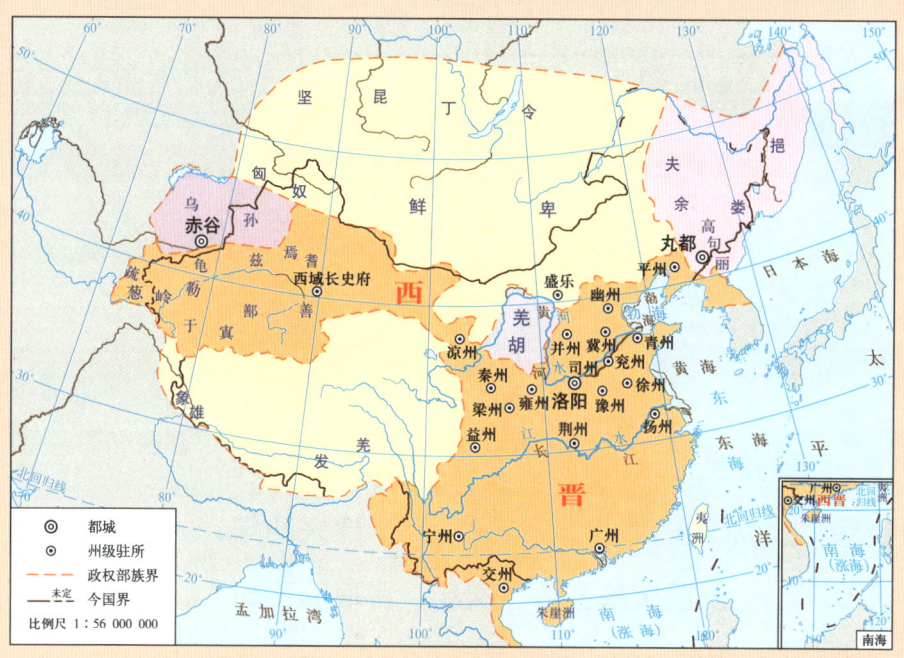

▲ 西晋时期全图（281年）

王与马，共天下——东晋奇闻

导语　东晋建立初期，社会上流传着一句话："王与马，共天下。""王"与"马"的含义分别是什么呢？"共天下"又是什么意思呢？

西晋建武元年（304年），匈奴人刘渊起兵反晋，建立汉国，十六国时代开始。建兴四年（316年），汉国灭掉西晋。次年，晋琅邪王司马睿在江东重建晋朝，定都建康（今江苏省南京市），史称"东晋"。东晋与十六国南北对峙，这是中国历史上一个纷乱的时代。

司马睿是在世家大族琅邪王氏的扶持下建立起东晋政权的，琅邪王氏的代表人物是王敦、王导兄弟。永嘉元年（307年），司马睿用王导之计，请求移镇建邺〔建兴元年（313年）改称建康〕，朝廷任命司马睿为安东将军、都督扬州诸军事。

司马睿到达建邺后,处于寄人篱下的尴尬局面。他本是晋皇室疏属,声望不高,因此江东大族顾、陆、朱、张、沈、周等颇为轻视司马睿。

在这种情况下,王导建议司马睿拉拢江东士族。在上巳节,古人会在水边嬉游。这天,司马睿乘肩舆出游,盛具威仪,王敦、王导及其他北方大族的名流皆骑马随从,以提高司马睿的威望。江东士族看到这个场景,大吃一惊,就争相拜见

◀ 司马睿画像

司马睿。至此,司马睿才站稳了脚跟。

此后数年,司马睿在南方苦心经营,北方的西晋朝廷日薄西山,直至灭亡。于是,司马睿走

向了历史舞台的中央。

　　司马睿登基的那天，王导等文武官员前来朝贺。司马睿见到王导，命他升御床共坐。这个意外的举动，使王导大为震惊。他坚决推辞，司马睿便不再勉强。司马睿知道，自己能够继承皇位，全靠王敦、王导兄弟的帮助。所以，司马睿分别在军事、政治上倚重王敦、王导。王家的子弟中，有很多人被封了重要官职。所以，当时出

◀ 王导画像

现了"王与马，共天下"的说法。

　　虽然司马睿当上了皇帝，但是他对大权旁落深感不满。本着加强皇权的目的，司马睿逐渐发展了一些心腹，企图抑制王氏的权势。感到威胁后，王敦便在驻地武昌（今湖北省鄂州市）起

兵，攻占了建康，杀掉司马睿的心腹后退兵。不久，司马睿在忧愤中去世，他的儿子司马绍即位，是为晋明帝。此后，王敦气焰更胜，再次叛乱，不料突然因病去世，叛军亦土崩瓦解。

"王"与"马"的结合，是皇权衰微、门阀势力强大的必然结果。这种结合奠定了东晋的政权基础，也使东晋皇室一直难以摆脱门阀的控制。门阀政治是东晋历史的重要特点。

⊙ 门阀

门阀指封建社会中的世代显贵之家。魏、晋、南北朝时实行九品中正制，选用官员，门阀多中选，卑庶之家常受排斥，彼此交际、婚配亦有区别，以维护贵族特权。

开皇之治——隋文帝的功业

> **导语** 东晋十六国之后，中国历史进入南北朝时代。其中，北周出现了一位政治强人，他先是代替北周，建立隋朝，后来又统一全国，结束了近三百年的分裂局面。这位政治强人就是杨坚。

杨坚出身于北周军功贵族家庭。周武帝时，他进位大将军，袭父爵为隋国公。他的长女是周宣帝皇后。大象二年（580年），周宣帝死，子静帝继位，年方8岁。杨坚趁皇帝年幼，总揽起军政大权。大定元年（581年），他代周称帝，国号隋，改元开皇，史称杨坚为隋文帝。开皇九年（589年），隋文帝灭掉陈朝，统一全国。在位期间，他励精图治，开创了辉煌的"开皇之治"。

在大众的印象中，古代帝王的生活往往较为

隋文帝画像 ▶

奢靡。然而，隋文帝却是个例外。在开皇前期，他不贪图享受，而是勤于政事，并取得了一系列成就。

在中央，隋文帝废除北周六官制，基本上确立了三省六部制，以利于加强中央集权。三省六部制对后世产生了很大的影响，六部之制甚至延续到清代末期。在地方，隋文帝简化行政机构，改南北朝以来的州郡县三级制为州县两级制。为了更好地控制地方，他还规定九品以上的地方官员全部由中央任免。

在立法方面，隋文帝令高颎等人编纂《开皇

律》，后又命苏威等人重修这部律典，废除了其中的死罪八十一条，流罪一百五十四条，徒、杖等罪一千多条，最后保留五百条律令。《开皇律》是隋朝立法的最高成就，对唐律影响很大。

除了政治、法律方面的改革，隋文帝还采取了许多经济措施，以巩固其统治。他即位不久，就下令将五千头官牛分赐给贫苦农民，助其生产。他还多次下令减免农民的赋役，使他们有更多的时间从事农业生产。为使隐漏户口复归户籍，隋文帝采纳高颎的建议，实行输籍之法。

开皇前期的一系列政治、经济措施成效显著，当时国内府库充盈，人丁大增。但另一方面，随着年龄的增长，隋文帝一改过去的俭朴作风，大修宫室。晚年，他用法严峻，社会矛盾加剧。所以，史籍说，隋朝的"乱亡之兆"虽成于炀帝，但在文帝时期已开其端。

争夺权力的巅峰对决
——玄武门之变

> **导语**
>
> 在中国古代，皇位世袭，凡现任帝王不立嫡子而以他子继位，叫"夺嫡"。唐代初年，李渊、李世民父子就共同上演了夺嫡的戏码。

隋朝末年，多地爆发农民起义。隋大业十三年（617年），太原（治今山西省太原市西南古城营）留守李渊趁机起兵，攻克长安（今陕西省西安市）。次年，隋朝灭亡，李渊称帝，改元武德，国号"唐"，定都长安。

武德九年（626年）六月四日，太子李建成和齐王李元吉上朝面圣。当他们骑马到达玄武门内临湖殿时，发觉伏兵，避走不及。就在这时，秦王李世民跃出，射死了李建成，其部下尉迟敬德杀死了李元吉。

事变发生后,尉迟敬德在李世民的授意下入宫,"请"李渊下令由秦王节制诸军。面对突发事件,李渊在受胁迫的情况下无奈接受了这一"请求"。这就是历史上著名的"玄武门之变"。

那么,是什么原因导致了这场宫廷政变呢?

唐高祖李渊的皇后窦氏生有四个儿子:长子李建成、次子李世民、三子李玄霸、四子李元吉,其中李玄霸早亡。李渊称帝后,按照嫡长子继承制,立李建成为皇太子,封李世民为秦王,封李元吉为齐王。

在打江山的过程中,李世民功勋显赫,逐渐握有实权,威名日隆。他开馆延揽四方文学之士,并网罗了一批谋臣猛将。但他身为次子,不能继承皇位。李建成生长于民间,了解社会状况,有政治才干,又因是长子,他得到了最高统治层的拥戴,还把四弟李元吉拉入了自己的阵营。所以,李建成在争夺皇位的斗争中处于优势。

高祖李渊为平衡诸子关系,给李世民加号天策上将、陕东道大行台等,位在王公之上,以示宠信,但对李世民功高震主之势也有所戒备。

武德九年夏,突厥数万骑入塞侵扰,李建

争夺权力的巅峰对决——玄武门之变

唐高祖画像 ▶

成趁机向李渊推荐李元吉率诸军北征,防止李世民掌握兵权。李建成、李元吉又共谋调出秦王府的精兵骁将,以削弱李世民的力量。种种危机之下,李世民选择先下手为强,所以就有了本文开头的那一幕。

玄武门之变后,李渊立李世民为太子。武德九年八月,李渊退位,李世民即皇帝位,是为唐太宗。次年,李世民改元贞观,开启了历史上著名的"贞观之治"。

"千秋疑案"陈桥兵变
——赵匡胤建北宋

导语 唐天祐四年（907年），唐朝灭亡。从此，中国北方大部进入五代时期。同时，中国南方和山西地区先后出现吴等十个割据政权，合称"十国"。后来，五代中的后周出现了一位强人，他代周建宋，逐步结束了五代十国的分裂局面。

河南省封丘县东南部有一个陈桥镇，五代时这里有一处驿站，名"陈桥驿"。后周显德七年（960年），后周大将赵匡胤和他的兄弟、部将等在这里上演了一出"黄袍加身"的大戏。赵匡胤就是上文中的"强人"。

后唐天成二年（927年），赵匡胤出生在洛阳（即今河南省洛阳市隋唐故城）一个军人家庭。他的父亲赵弘殷在后唐、后汉、后周几朝屡立战功。赵匡胤自幼习武，擅骑射，勇武过人。长大后，他投到后汉枢密使郭威麾下。郭威建立后周后，赵匡胤和他的父亲在禁军中担任要职。在此期间，赵匡胤通过结拜的方式，与一些禁军将领结为"义社十兄弟"。

◀ 赵匡胤画像

后周的第二位皇帝世宗柴荣是郭威的养子，他颇有作为。遗憾的是，显德六年（959年），柴荣英年早逝。他年仅七岁的儿子柴宗训继位，是为后周恭帝，恭帝的母亲符太后摄政。当时，赵匡胤担任归德军节度使、检校太尉。他借机在禁军中黜降、提拔敌友势力，总体上控制了禁军。

显德七年春，北部边防的急报忽然而至："十国"之一的北汉与契丹合兵南下，进犯后周。赵匡胤受命率大军启程，北上御敌。

正月初三晚上，赵匡胤的大军到达陈桥驿。到了半夜，在赵匡胤的弟弟赵匡义、心腹幕僚赵普等人的策划和鼓动下，军士们在驿站门外集结。有人提出：当今皇帝年幼势弱，我们拼死杀敌，谁能知道我们的功劳？不如拥立点检（赵匡胤曾任殿前都点检）为天子。有人表示反对，但无力阻止。

四日凌晨，赵匡义和赵普带领众将，闯入赵匡胤的卧室，把他叫醒。睡眼惺忪之际，赵匡胤听到手下的将领们说："我们没有明主，愿意拥立您为天子。"赵匡胤还没来得及回答，已经有人将事先准备好的黄袍披在了他的身上，随后便是山呼海啸般的"万岁"声。紧接着，有人扶着赵匡胤的胳膊，将他搀上马，准备返回京城（后周定都开封，即今河南省开封市）。此时，赵匡胤才完全清醒，他拉住缰绳说："我有号令，你们能听从吗？"众将官立刻翻身下马，表示愿意服从命令。赵匡胤便提出不得侵犯符太后、后周恭帝和公卿大臣，不得抢劫公私财物等禁令。众人保证遵守，他便班师回京。

赵匡胤的部队到达京城时，他的结义兄弟石守信、王审琦打开城门迎进，随后他迅速控制了京城。宰相范质等人被带到殿前司公署。在那里，赵匡胤哭着对范质说："违负天地，今至于此！"范质等人见大势已去，无力回天，旁边又有赵匡胤的心腹举刀威胁，只得叩拜"万岁"。

不久，赵匡胤正式登基，改国号为"宋"，改元"建隆"，定都开封。宋朝正式建立。

为什么说陈桥兵变是"千秋疑案"？

在宋朝官方的记载中，宋太祖赵匡胤在陈桥兵变中被"黄袍加身"，实属被逼无奈。然而，后世很多研究者对这种说法持怀疑态度，试举以下两个疑点：一、北汉与契丹合兵攻打后周是否属实？因为陈桥兵变后，再也没有人提及北方边患。二、黄袍从何而来？在等级森严的封建时代，不要说一件绣龙黄袍，即便是明黄色的布匹，也属御用之物。这么重要的物件，兵变时却能"即取即用"，要说不是预先准备，恐怕难以令人信服。

父子皇帝同被俘
——靖康之变与北宋灭亡

> **导语**
>
> 北宋立国后，受到的军事威胁主要来自北方的辽朝。双方争战多年，最终达成"澶渊之盟"：辽罢兵，宋给辽岁币。此后很长时间，辽宋间保持着和平局面。然而，女真族的崛起颠覆了当时的地缘政治格局。

女真族是我国古老的民族之一，居住在黑龙江流域和长白山一带，过着游牧、渔猎的生活。辽宋时期，辽朝对女真人极力搜刮、掳掠，激起了女真人的不满和反抗。辽天庆五年（1115年），女真首领完颜阿骨打建国称帝，国号"金"，年号"收国"。辽天祚帝耶律延禧御驾亲征，结果作战失利，仓皇败逃。自此，完颜阿骨打开启了灭辽之战,而辽丧失了战略上的主动权,一路败北。金天辅七年(1123年),完颜阿骨打去世,他的弟弟完颜晟即位,继续灭辽之战。

此时的北宋,已经进入宋徽宗赵佶的统治时期。赵佶本是宋哲宗赵煦的弟弟。宋哲宗英年早逝,无嗣,赵佶便继承了皇位,史称"宋徽宗"。

◀ 宋徽宗画像

宋徽宗在位期间,重用蔡京、童贯、高俅等人,横征暴敛,骄奢淫逸。他设立造作局,这一机构专门制造供皇室享用的奢侈品。为了搜括民间奇花异石,他还成立了苏杭应奉局,该局负责用船将有关花石送到开封(今河南省开封市)。此外,宋徽宗大兴土木,霸占民田,迷信道教。他的腐朽统治,激起了方腊、宋江等农民起义。

北宋建国之初,即面临丧失燕云十六州(相

当于以今北京市和山西省大同市为中心，东至河北省遵化市，北迄长城，西界山西省神池县，南至天津市海河以北，河北省河间市、保定市及山西省繁峙县、宁武县一线以北地）而产生的巨大军事压力。为了摆脱这一国防上的困境，北宋上层曾组织北伐，却未能实现既定目标。随着金朝在北方崛起，宋徽宗看到了收复燕云十六州的希望。于是，重和元年（1118年），宋徽宗派遣使节渡海北上，和金秘密交涉结盟攻辽事宜。经反复磋商，宣和二年（1120年）双方达成协议：宋金各自出兵伐辽，辽亡后，金将燕云十六州交给北宋，北宋则把给辽的岁币转赠于金。因双方使臣都是走海路往来，所以上述盟约被称为"海上之盟"。

结果，北宋两次出兵攻打辽燕京（治今北京城西南隅）均告失败，彻底在金面前暴露了自己的军事实力。而金则灭掉了辽，并拒绝把燕云十六州交给北宋。北宋许金以银、绢巨万，金才交给宋其中的六州及燕京。

宣和七年（1125年），金乘胜南下攻宋，宋徽宗惊恐之下传位给太子赵桓。赵桓即宋钦宗。

宋钦宗见金军势大，想离京南逃。大臣李纲

坚决主战，成功劝说宋钦宗留在开封。李纲组织军民死守开封，击退了金军的进攻。金军于靖康元年（1126年）二月撤军，开封保卫战告一段落。

然而，在金军撤离之后，李纲即遭到宋廷投降派的排斥和诬陷。不久，李纲被逐出朝廷，而金军则再次南下，围攻开封。宋钦宗不得不重新启用李纲，但还未等李纲赶到，金军就在靖康元年闰十一月二十五日攻破开封。靖康二年（1127年）四月，金军在开封大肆掳掠之后，俘虏徽钦二帝、宗室、后妃等数千人，以及教坊乐

▲ 辽、北宋、西夏时期全图（1111年）

工、技艺工匠，携法驾、仪仗、冠服、礼器、天文仪器、珍宝玩物、皇家藏书、天下州府地图等北去，开封城为之一空，北宋灭亡，史称"靖康之变"。

犬牙相入，以北制南
——元朝的行省制度

导语

北宋灭亡后，宋室南渡，建立南宋。1206年，蒙古族领袖成吉思汗建立蒙古汗国，并扩张其势力至黄河流域。从成吉思汗至蒙哥汗，蒙古汗国陆续攻灭西辽、西夏、金、大理，并在吐蕃建立行政机构。至元八年（1271年），元世祖忽必烈定国号为"元"。其后，元攻灭南宋，统一全国。元代出现的行省制度，对此后的中国历史产生了深远影响。

自元代始，行省成为地方最高行政区划。行省的"省"本来是官署的名称，其来源可以追溯到魏晋时期。当时，中央政府权力机构分为中书、门下、尚书三省。如果地方有事，中央政府派出部分官员前去处理，组成行台省，即中央的行动机构。这一制度唐初也曾运用，而到了金代末年，金的边境、内地都不安宁，中央经常派行台省前去应付。这一做法延续了数十年之久，使行台省渐渐带有行政区划的色彩。

忽必烈建立元朝后，成立了全国最高行政机构中书省，而元在征服北部中国的过程中，向金朝学习，以行中书省（有时是行尚书省）作为管辖新征服地区的行政机构。久而久之，这个机构管辖的地区也挂上了中书省的名称，简称行省或省。同时，作为中央政权机构的中书省本身也直辖包括首都在内的一大片地区。

元代各行省的面积很大。而且，行省长官手握军政和财政大权，极易形成地方割据势力。为了解决这一隐忧，元代行省的划分，背弃了中国古代一直沿用的"山川形便"原则，转而采用"犬牙相入""以北制南"的方针。

所谓"山川形便"，是以天然山川作为行政区划的边界，使行政区划与自然地理区划相一致。历史上，秦岭、淮河、南岭、太行山、祁连山等，都曾是划分行政区的标志性界线。这样做的好处是，行政区域与自然地理区域一致，区域内

忽必烈画像

气候、地貌相似，且没有山川阻隔，内部经济、文化交流方便，居民文化传统、生活习俗相近。但是，这种划分方式容易形成地方割据势力。

元朝为了加强中央对地方的控制，打破了自然地理界线，人为地制造相邻省份间犬牙交错和以北制南的局面。例如，湖广行省以湖南、湖北为主体而又越过了南岭兼有广西，江西行省越过南岭拥有广东，江浙行省从江南平原一直绵延到福建山地，陕西行省越过秦岭而拥有汉中盆地。

元朝行省制度的确立，是中国地方行政制度的一项重大变革。它的实施加强了中央对地方的管理，在一定程度上巩固了元朝的统治。

从乞丐到皇帝
——明朝的建立者朱元璋

> **导语** 元代末年,政治腐败,社会动荡,农民起义不断爆发。在这一乱世中,一个大人物乘势而起。他出身贫民,为了生活曾四处乞讨,却最终建立了大明王朝。这个大人物就是明太祖朱元璋。

朱元璋,幼名重八,又名兴宗,后改名元璋,字国瑞,濠州钟离(今安徽省凤阳县东北)人。十七岁时,家乡大旱,又发生了瘟疫,朱元璋的父母与长兄都染病而亡。他无依无靠,只得入于皇觉寺为僧。不久,寺院关闭,朱元璋便到处游走,以乞讨为生。

至正十一年(1351年),因黄河连年决口,元政府征发十三路民夫修治黄河。北方白莲教首

◀ 朱元璋画像

领韩山童及其门徒刘福通等趁机进行反元宣传,鼓动河工发动起义。消息泄露,韩山童被捕牺牲,刘福通率众突围,组建北方红巾军,点燃了元末农民大起义的烈火。

至正十二年(1352年),定远(治今安徽省定远县东南)人郭子兴起兵响应,攻占濠州(治今安徽省凤阳县东北)。朱元璋前往投奔,因智勇过人,被郭子兴收为心腹。他还娶了郭子兴的养女马氏。

此后,朱元璋在濠州一带吸收农夫入伍,并收编了几支地主武装,严加训练,培养了一批心腹骨干和一支数万人的精兵。在攻占定远等地的过程中,朱元璋开始吸收冯国用、冯胜、李善长

◀ 明太祖朱元璋"牵马出征"青铜塑像（南京）

等一批下层士子，用为谋士、顾问，并采纳他们的建议，定下先取集庆（治今江苏省南京市）以为根本，然后谋取天下的战略目标。

至正十五年（1355年），刘福通拥立韩山童之子韩林儿为小明王，建立以宋为国号的农民起义政权。不久，郭子兴病故，朱元璋代领其部，被小明王授为左副元帅。

至正十六年（1356年），朱元璋打下了集庆，改集庆为应天府。从此，朱元璋以应天府为根据地，开始了统一天下的进程。此后十余年，他消灭陈友谅、张士诚等敌对势力，还以迎小明王赴应天为名，在途中将其暗杀。

1368年，朱元璋称帝，建立明朝，年号洪武，定都应天府，史称他为明太祖。同年七月，朱元璋手下的大将徐达率领北伐大军，逼近大都（今北京市），元顺帝仓皇出逃，元朝灭亡。至洪武二十年（1387年），明朝基本实现了统一。

新疆的来历
——清朝巩固西北边疆

导语 明崇祯十七年（1644年），李自成农民军攻破北京（今北京市），明朝灭亡。此后，清军入关，逐渐统一全国。为了巩固统一，清朝与分裂势力进行了长期斗争。其中，新疆省的成立就是清朝巩固统一的成果。

汉代以后，玉门关、阳关以西，葱岭以东的地区被称为"西域"。汉武帝时，张骞初通西域，汉宣帝始置西域都护。唐在西域设安西、北庭二都护。以后各代，中原与西域也在政治、经济、文化上有不可分割的密切关系。

清康熙年间，卫拉特蒙古准噶尔部首领噶尔丹为实现统治蒙古诸部、割据西北的政治野心，于康熙二十七年（1688年）进攻喀尔喀蒙古，并借口追击土谢图汗部余众，进军内蒙古高原，与清政府发生直接军事冲突。

为确保京师（今北京市）安全和边疆安定，康熙帝决定御驾亲征。在乌兰布通（今内蒙古自治区克什克腾旗境内），两军交战，噶尔丹军的"驼城"战术失败，仅率数千人逃往科布多（治今蒙古国西部科布多省省会科布多），企图东山再起。康熙三十四年（1695年），噶尔丹又率骑兵三万，由科布多东犯克鲁伦河以北地区。康熙三十五年（1696年），康熙帝发兵十万，分三路出击。费扬古统领的西路清军在昭莫多（今蒙古国乌兰巴托东南）与噶尔丹主力军相遇。在清军的攻击下，噶尔丹军大败。噶尔丹率残部仓皇西逃。次年三月，噶尔丹暴病而亡。

继噶尔丹为准噶尔部首领的策妄阿拉布坦，也曾扰乱西北边疆的安宁。康熙五十六年（1717年），策妄阿拉布坦令大策凌敦多布率兵攻入西藏。由于受到藏族人民的强烈反对及清军打击，大策凌敦多布率残部撤离。

雍正五年（1727年），策妄阿拉布坦死，其子噶尔丹策零继位。乾隆十年（1745年），噶尔丹策零死，准噶尔部上层贵族为争夺汗位，发生内讧。乾隆十七年（1752年），达瓦齐在阿睦尔撒纳支持下夺取了统治权，不久两人又发生火并。乾隆十九年（1754年），阿睦尔撒纳兵败，率部投清。乾隆二十年（1755年），清军进击准噶尔军，达瓦齐在逃跑途中被擒获。同年，阿睦尔撒纳发动叛乱。乾隆二十二年（1757年），阿睦尔撒纳被清军击溃，逃入俄境。

◀ 清人画乾隆帝戎装骑马像

阿睦尔撒纳失败后，大小和卓趁机叛乱。乾隆二十四年（1759年），清政府派兵镇压，很快打败了大小和卓。此后，清政府对西域实行了更加系统的治理政策。乾隆二十七年（1762年），清政府设立伊犁将军，实行军府体制。光绪十年（1884年），清政府在西域建省，并取"故土新归"之意，改称西域为"新疆"。

中国历史 近代史

2（青少版）

中国地图出版社　编著

中国地图出版社
·北京·

图书在版编目（CIP）数据

中国历史：青少版．2，近代史／中国地图出版社编著．－－北京：中国地图出版社，2023.11

ISBN 978-7-5204-3430-0

Ⅰ．①中… Ⅱ．①中… Ⅲ．①中国历史－近代史－青少年读物 Ⅳ．①K209

中国国家版本馆 CIP 数据核字（2023）第 206122 号

2 ZHONGGUO LISHI（QINGSHAO BAN）JINDAI SHI
2 中国历史（青少版）近代史

出版发行	中国地图出版社	邮政编码	100054
社　　址	北京市西城区白纸坊西街3号	网　　址	www.sinomaps.com
电　　话	010-83490076　83495213	经　　销	新华书店
印　　刷	河北环京美印刷有限公司	印　　张	15
成品规格	170mm×240mm		
版　　次	2023年11月第1版	印　　次	2023年11月河北第1次印刷
定　　价	79.00元		
书　　号	ISBN 978-7-5204-3430-0		
审 图 号	GS（2022）5496号		

* 本书中国国界线系按照中国地图出版社1989年出版的1∶400万《中华人民共和国地形图》绘制。
* 如有印装质量问题，请与我社联系调换。

前 言

近年来，传统文化复兴的呼声日渐高涨，这也体现在中学教育的导向上。中华文化绵延5000多年，历史学是其重要载体。中国人历来重视修史，尤其看重历史"鉴今"的功用。对中学生来说，其国家观、历史观正处于关键的形成期。爱国必先知史，只有了解祖国的来历，才能正确认识祖国。

然而，历代流传下来的历史文献多用文言文写成，又包含众多典故，这让普通中学生望而生畏。而且，史书浩繁，如果不加选择地阅读，读者将不易获得对中国历史主流的认识。因此，一套去粗取精、难度适宜的"中国史"就成为广大中学生提升历史核心素养的不二选择。

《中国历史（青少版）》是基于教育部初中历史课程标准编写的，按照断代顺序分为2册。这套书由国内教育专家和重点中学的一线优秀教师合作完成。在书中，他们将数十年的教学经验、系统的历史知识用大家喜闻乐见的语言呈现出来，可以让读者完整、立体地认识中国历史，厚植家国情怀。

除了主体文字，本书还包含精美插画、高清图片和历史地图，内容翔实、形式多样，唯美、直观、有趣地呈现了波澜壮阔的中国史。本书让你爱上历史，主动阅读，成为"知兴替，明得失"的更优秀的自己。

目 录

不只是礼仪之争——英国使者马戛尔尼访华 …………… 01

坚决向鸦片说"不"——林则徐销烟 …………………… 06

天朝上国的噩梦——鸦片战争的失败 …………………… 12

两个"强盗"的弥天大罪——火烧圆明园 ……………… 16

有公足壮海军威——邓世昌与黄海海战 ………………… 20

写给皇帝的《万言书》——康有为公车上书 …………… 25

只因鬼子闹中原——义和团运动 ………………………… 30

紫禁城中的最后一位皇帝——宣统帝 …………………… 35

平易近人的总统——孙中山与中华民国 ………………… 41

北大的"三只兔子"——新文化运动中的巨匠 ………… 46

外争主权,内除国贼——轰轰烈烈的五四运动 ………… 50

南陈北李,相约建党——中国共产党的诞生 …………… 55

你方唱罢我登场——北洋军阀的大混战 ………………… 60

联俄、联共、扶助农工——第一次国共合作与国民革命的兴起……66

倒列强，除军阀——北伐战争与国共合作的破裂………71

星星之火，可以燎原——南昌起义与井冈山革命根据地的建立……76

白山黑水起烽烟——九一八事变的爆发…………80

红军不怕远征难——第五次反"围剿"失败与红军长征……85

从"哭谏"到"兵谏"——张学良与西安事变………90

大好江山破碎时——七七事变与八一三事变的爆发……95

假和平，真内战——抗日战争的胜利与重庆谈判………99

长缨在手缚苍龙——解放战争的爆发和发展…………104

一唱雄鸡天下白——三大战役的胜利……………110

历史的合力——国民党政权失败的原因……………114

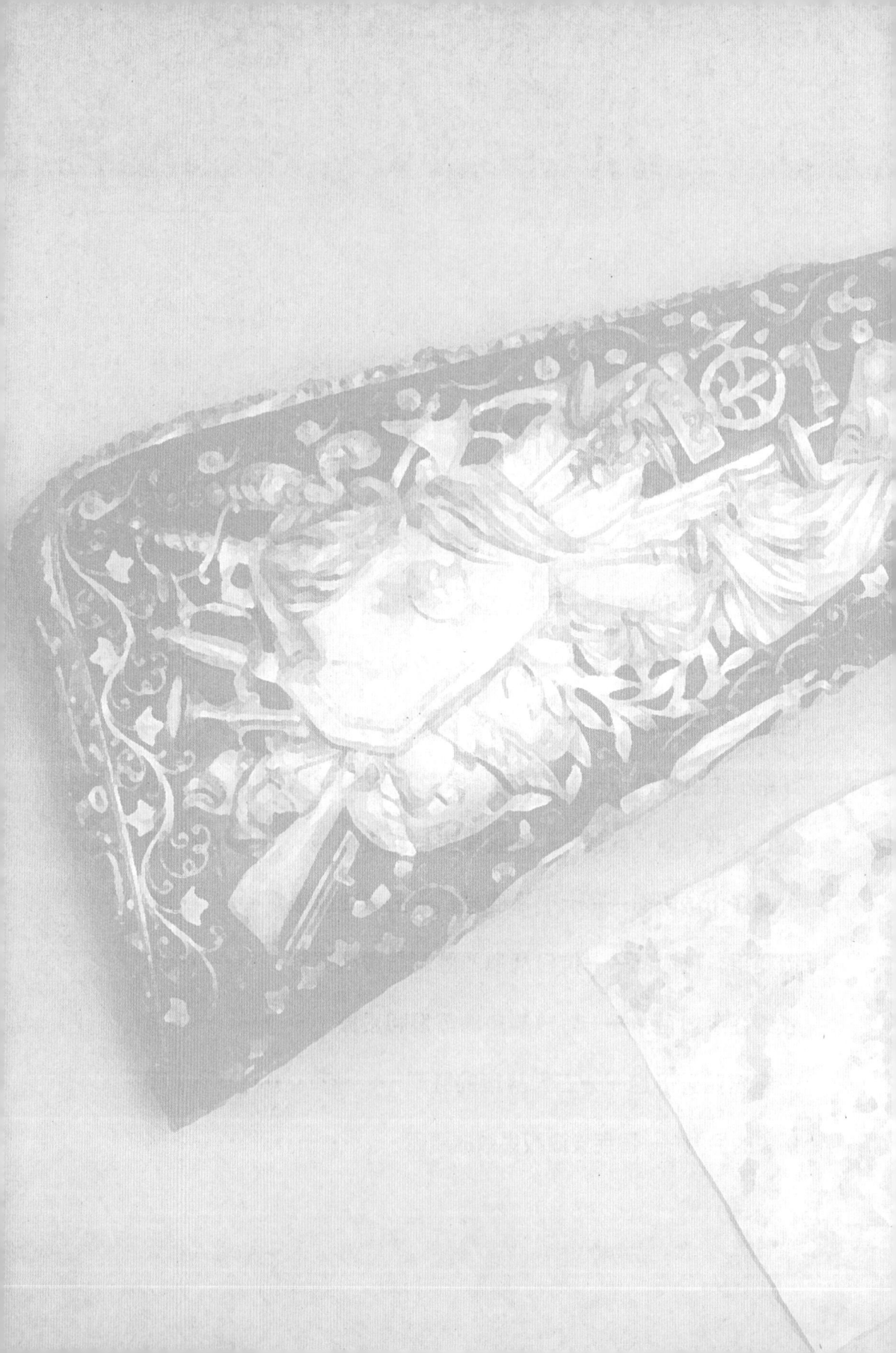

不只是礼仪之争
——英国使者马戛尔尼访华

导语　清乾隆帝时,英国使者马戛尔尼访华。按照清朝礼制,外国使者要和清朝大臣一样,向皇帝三拜九叩,行跪拜礼。马戛尔尼是否这么做了呢?此次访问的结果如何呢?

1792年9月,英国的马戛尔尼使团从朴次茅斯港(在今英国朴次茅斯)出发,以祝贺乾隆帝八十寿辰为名前往中国。英方希望,通过此次访问,改变中英贸易体制,扩大通商,建立中英间经常的外交联系。

马戛尔尼是一位经验丰富的外交家。他让人购买了1个世纪以来欧洲关于中国的书籍,每天坚持埋头阅读,还做了大量笔记。他设想自己到

◀ 乾隆帝画像

过中国,学着用中国瓷器喝茶,使用中国漆器文具盒,还用诗歌表达对中国的向往。从英国到中国的航程遥远,在海上漂泊了大半年,马戛尔尼使团终于在1793年6月到达中国。

马戛尔尼来访的消息传到清廷,乾隆十分高兴,他下令各地官员热烈欢迎远道而来的客人,给使团送去了猪、牛、羊、鸡、鸭、面粉、茶叶、蔬菜、瓜果、酒类等。马戛尔尼使团从澳门(今广东省珠江口西侧)沿海北上,在天津(今天津市)登陆,经运河到北京(今北京市),随后赴热河(治今河北省承德市)觐见乾隆帝。

清朝官员认为,英国人是来纳贡称臣的,就

将使团视为贡使，随船来的礼品也被冠以"贡品"的名称。对此，马戛尔尼虽不高兴，但也默然接受。在他觐见皇帝前，清廷提出，使者必须向皇帝行三拜九叩之礼，马戛尔尼表示拒绝。他认为，自己作为独立主权国家的使者，不能行藩国之礼，仅答应施以觐见英王的礼仪，即单膝下跪。乾隆帝为此格外生气，便下令减少对使团的供给和赏赐。1793年9月14日，乾隆帝在避暑山庄（今承德避暑山庄）的万树园会见了马戛尔尼。据说，为了让马戛尔尼下跪，乾隆帝请他欣赏戏剧《四海升平》，意在对他加以暗示。在这个剧里，中国文化中的文昌帝君、四海龙王、雷公、电母等轮番登场，最后收服了闹事的海龟。然而，马戛尔尼根本没看懂。据英方记载，马戛尔尼没有让步，坚持以英国礼仪参加祝寿活动。

马戛尔尼带来的"贡品"琳琅满目，有天体运行仪、地球仪、望远镜、火枪、机械座钟、玻璃彩灯、毛纺织品等，全部是英国工业革命的先进成果。其中，有英国皇家海军"皇家君主号"战舰的模型，该"战舰"拥有110门炮。英国人仿佛要通过这份礼物向清廷传递信号：中国皇帝，看看英国皇家海军的实力吧。大型热气球

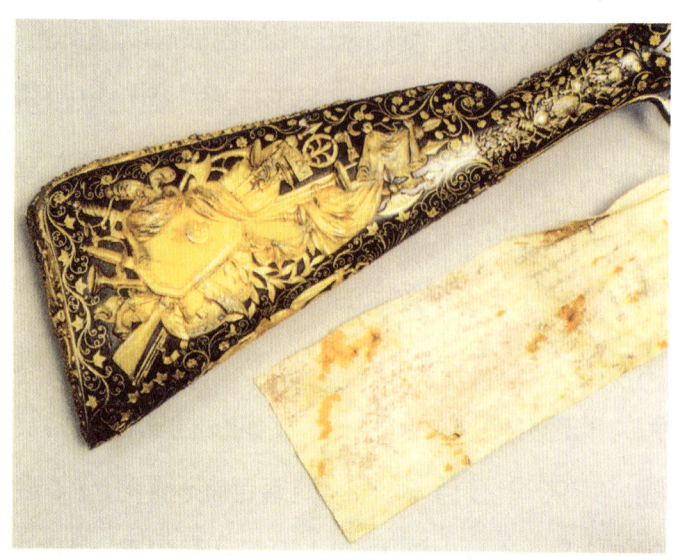

◀ 马戛尔尼赠送乾隆的礼品：火枪（局部）

也在"贡品"之列，它可以搭载一名乘员。马戛尔尼原打算向中国皇帝展示英国人是如何把人类送上天空的，但这一热气球演示计划被清廷否决了。无论是"战舰"还是热气球，在乾隆帝看来都属于"奇技淫巧"，不值一提。

在此访中，马戛尔尼还代表英国政府，向清廷提出通商要求：准许英国在北京开设洋行；英国人可在宁波（今浙江省宁波市）、舟山（今浙江省舟山市舟山岛）和天津等地通商；英国人可在舟山附近的一个小岛存放货物；中国在广州（今广东省广州市）附近划出一块地方，供英国商人使用等。乾隆逐一驳回了英国方面的各项要求。10月7日，马戛尔尼带着乾隆帝给英王的信件，以及来自清廷的数量庞大的礼物，离开北京，返回英国。

马戛尔尼使团访华的直接目的没有达到，却有意外的收获。在返程时，他们每到中国的一个地方，都认真考察其自然地理、交通和军队的情况，并记录了各地的民风、民俗等。例如，他们掌握了长城的城墙结构和设防的情况，记录了定海（今浙江省舟山市定海区）的地理状况、士兵人数和武器装备的情况。通过中国之行，马戛尔尼发现清朝的官员腐败不堪，百姓比较贫穷，清军的军事装备十分陈旧，各地的城防意识薄弱等。

当乾隆为了礼仪之争而无法释怀时，马戛尔尼已经洞察到了大清国的不堪一击。40多年后，大英帝国的坚船利炮打开了中国的大门，中国近代史的悲剧开始了。

坚决向鸦片说"不"
——林则徐销烟

导语　福州林则徐祠堂里有副对联，上联是"焚毒冲云霄，正气壮山河之色"，下联是"挥旗抗敌寇，义征夺魑魅之心"。寥寥数语，生动地勾勒出林则徐"焚毒"时的英雄本色，充分表达了后人对他的缅怀之情。

人民英雄纪念碑耸立在北京天安门广场上，碑身镌刻着十幅汉白玉纪念性浮雕。其中，第一幅反映了1839年虎门销烟的庄严场面。销烟的领导者是清末政治家林则徐。

林则徐，1785年生，字元抚，一字少穆，福建侯官（今福建省福州市）人，于嘉庆年间考中进士，随即开始了宦海生涯。任东河河道总督时，林则徐尽力修治黄河。后来，他又担任江苏

人民英雄纪念碑
浮雕"虎门销烟"

巡抚、湖广总督。

林则徐生活的年代，距清朝立国已过去了一百余年。这时，康乾盛世早已结束，清朝走上了腐朽没落之路。与此形成鲜明对比的是，英国资本主义崛起，需要为本国商品开辟海外市场，英国人便把目光投向了幅员辽阔、人口众多的中国。在中英贸易中，英国一方面加大了毛纺织品等的出口，另一方面又从中国进口大量的茶叶、生丝、瓷器和药材等。长期以来，英国在对华贸易中处于逆差地位，未能有效打开中国市场。为了扭转局面，英国决定向中国输出一种神秘而罪恶的商品——鸦片。

鸦片，俗称"大烟"，属于毒品。长期吸食鸦片的人会上瘾，变得面黄肌瘦、有气无力，成

◀ 林则徐像

为如行尸走肉般的"大烟鬼"。随着鸦片的输入，清朝不断有官僚、贵族成瘾，一些下层的士兵、普通劳动者也染上了吸食鸦片的恶习。鸦片的输入不但败坏了社会风气，严重危害了中国人的身体健康，还导致大量白银源源不断地流向英国，中国在双边贸易中由顺差转为逆差。

面对这种情况，道光帝决定禁烟。当时，林则徐在湖广总督任内，他严厉禁烟，成效卓著，是"禁烟派"的代表人物。道光帝看重他的成功经验，便任命他为钦差大臣，令他赶赴广州（今广东省广州市）查禁鸦片。1839年3月，林则徐经长途跋涉，到达广州。到广州后，他就贴出查禁鸦片的告示，还向外国鸦片贩子表达了禁烟到底的决心。

面对林则徐的强硬态度，有的鸦片贩子认为，林则徐只是说说而已，过几天就没事了。也有的鸦片贩子说，林则徐只不过是想借机捞钱。以往，他们总是通过行贿维持自己的非法生意。这一次，他们认为，林则徐和其他官员一样贪财，只要送上一大笔银子，便会大事化小，小事化了。所以，贩子们根本无视中国法令，不肯把鸦片缴出来。更有甚者，英国驻华商务监督义律下令停在近海的英国船只做好战斗准备，妄图用武力抗拒林则徐的查禁措施。

见此情况，林则徐下达命令：派人将义律所在的商馆围住，断绝其与外界的联系。不久，由于水、粮等生活物资耗尽，义律只得服软，被迫缴出鸦片。此后，其他鸦片贩子也陆续上缴鸦片。最终，林则徐共缴获鸦片2万多箱，重237万余斤。

1839年6月3日，历史将永远记住这个伟大的日子。一声号炮划破长空后，震惊中外的虎门销烟开始了。林则徐亲临虎门海滩，要亲眼见

◀ 林则徐故居

证执法的过程。只见数百名士兵、民夫,把一箱箱鸦片倒进海边两个大池中,再与盐卤、石灰搅拌。霎时,池子里沸腾起来,黑色的鸦片上下翻滚,化成白色的浓烟,并徐徐升入空中。退潮时,被销毁的鸦片随潮水进入茫茫大海。销烟活动持续了23天,截至6月25日,林则徐缴获的鸦片被尽数销毁。林则徐领导的虎门销烟,打击了外国鸦片贩子的嚣张气焰,显示了中国人民不甘屈辱的民族气节。

中国禁烟的消息传到英国,英国政府决定发动战争,维护本国罪恶的毒品贸易。1840年,鸦片战争爆发,林则徐有效地组织官兵进行抗英斗争,英军在广州一度受挫。然而,由于受到投降派的诬害,林则徐被革职。1842年,他被遣戍新疆（治今新疆维吾尔自治区霍城县）。在留给家人的诗中，他写道，"苟利国家生死以，岂因祸福避趋之"，表达了不计个人得失的报国之志。戍边期间，林则徐兴修水利，开辟屯田，造福于民。

林则徐一生光明磊落，一身正气，被誉为"六任封疆帅，千秋社稷臣"。他舍身为国的精神永远激励着后人。

天朝上国的噩梦
——鸦片战争的失败

导语 　清朝以天朝上国自居，视洋人为夷狄。通过鸦片战争，英国令清朝统治者从骄傲自大的迷梦中惊醒。战后，英国强迫中国签订了一纸不平等条约。这份改变中国命运的条约是什么？它的影响如何？

自鸦片战争爆发以来，爱国官兵和中国人民进行英勇抗争，打击了英国侵略者。然而，随着战争的发展，清政府逐渐落入被动挨打的境地。

林则徐的继任者琦善到任广州（今广东省广州市）后，和英国代表义律进行了多次谈判。英国采取"边打边谈"的策略，企图用战场上的优势迫使琦善就范。1841年1月，英军攻占沙角炮台和大角炮台后，义律以公告的形式单方面抛出"停战协定",即《穿鼻草约》,其主要内容包括:英国割占香港本岛,清政府赔偿英国六百万银圆等。此前,琦善曾答应赔款,但拒绝割地。然而,在公告发布后,英国即强占了香港岛。道光帝闻讯,决定对英宣战,并将琦善革职问罪。

然而,英国政府并不满足于《穿鼻草约》的条件,便以璞鼎查代替义律,并进一步扩大侵华战争。8月,英军侵占厦门(今福建省厦门市)。10月,定海(今浙江省舟山市定海区)失陷。定海守将葛云飞等率领守军与敌人激战六昼夜,最后英勇牺牲。同月,在镇海(今浙江省宁波市镇海区)战役中,两江总督裕谦力战不支,投水殉难。

清军屡战屡败,道光皇帝派宗室奕经反攻镇海、定海等地,未能奏效。

1842年6月,英军侵犯长江。在吴淞(今上海市黄浦江入长江之口)炮台,江南提督陈化成英勇抗敌,以身殉国。7月,英军进犯镇江(今江苏省镇江市),清军将领海龄率领守城士兵奋起抵抗,打死、打伤敌军一百六十余人,但因敌我力量悬殊,镇江失守,海龄自缢殉难。

8月,英军进犯南京(今江苏省南京市),

迫使清政府议和。29日，双方签订和议，史称《南京条约》。清宗室耆英、伊里布代表清政府在条约上签名，璞鼎查代表英国在条约上签名。随后，舱内、舱外的英国人发出了一阵欢呼声。

《南京条约》的签订标志着鸦片战争的结束，这是中国近代史上第一个不平等条约。条约规定：

（一）中国向英国赔款2100万银圆；

（二）中国向英国割让香港岛；

（三）中国开放广州、厦门、福州（今福建省福州市）、宁波（今浙江省宁波市）、上海（今上海市）为通商口岸；

（四）英商进出口货物应纳税款，必须经过

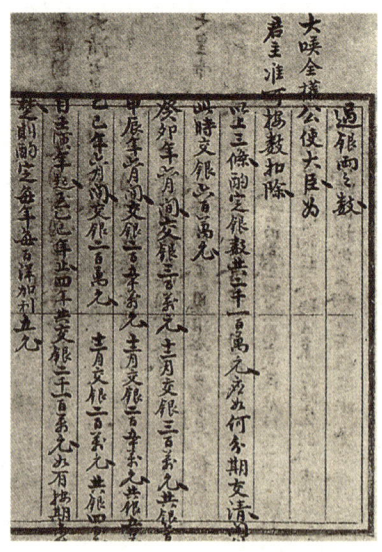
◀《南京条约》（局部）

双方协议。

《南京条约》破坏了中国的领土完整和关税主权，使中国开始沦为半殖民地半封建社会，这也成为中国近代史的开端。

鸦片战争后，西方列强登门入室，趁火打劫，一次又一次地向中国发动战争，不断进行敲诈勒索。中国主权、利权的损失就像滚雪球一样，越滚越大，越滚越重，加速了清王朝的衰亡。

两个"强盗"的弥天大罪
——火烧圆明园

> **导语** 1860年的一天,北京西郊大火冲天,举世闻名的圆明园在烈火中毁于一旦,仅剩残垣断壁。大地在悲泣,人民在流泪,这是中国近代史上屈辱的一页。

圆明园是清朝统治者的皇家园林。作为皇帝办公和休息的地方,它包括圆明、长春、绮春三园。圆明园规模庞大,气势恢宏,融合了东西方建筑风格,被称为"万园之园"。

每当盛夏,清朝皇帝就会来这里暂住,所以当时的圆明园也被称为"夏宫"。康熙年间,圆明园工程启动,经清代多个皇帝不断扩建,最终有了这样一座宏伟壮丽的皇家园林。作为御用园林,圆明园内还藏有价值连城的奇珍异宝、极其

圆明园复原图
（局部）

珍贵的文献典籍和书法绘画精品，所以这座园林的总价值更是无法估量。

1856年，第二次鸦片战争爆发。1860年，英法联军两万多人占领天津（今天津市），并向北京（今北京市）推进。咸丰帝惊慌失措，带着皇后、贵妃和大批官员仓皇逃往承德（今河北省承德市），还命他的弟弟恭亲王奕䜣留在北京，与英法侵略者谈判。

英法联军到北京后，以为咸丰皇帝住在圆明园，便绕过北京城的安定门、德胜门，直接占领海淀地区，然后继续向圆明园进兵。到了圆明园，面对无数的珍宝，他们都惊呆了，军官率先抢劫，然后任由士兵肆意抢掠。

这群强盗拿的拿，扛的扛，忙得手脚都不够用。有的人把绸缎和刺绣当包袱，在其中装满财

◀ 咸丰帝画像

宝；有的人把成串的珍珠挂在脖子上，把宝瓶套在脑袋上；有的人把东西叼在嘴上。对于拿不动的珍贵物品，这群人则发疯似的连砸带砍……

一连几天，侵略者把圆明园里能抢的都抢走了，能砸的也都砸坏了，但他们仍不满足。为了抹掉罪恶的痕迹，他们便在圆明园各处放火。

伴随着侵略者凶残的狂笑，圆明园顷刻之间被烈火吞噬。黑色的浓烟遮天蔽日，一片片花木化成了灰烬，庄严华贵的宫殿和优美玲珑的亭榭变成一堆堆焦土和残砖破瓦，这一辉煌壮丽的建筑群从此几乎消失了!

火烧圆明园后,英法联军开始修筑炮台,做出攻打北京城的姿态。在英、法两国的武力恫吓和俄国的诱逼下,清政府谈判代表奕䜣接受了侵略者提出的全部条件,分别与英、法、俄签订了屈辱的《北京条约》。从此,中国人民遭受的灾难更加深重了。

1900年,八国联军侵占北京,圆明园再遭劫掠,就连其中的古树也被彻底毁灭。后来,李大钊在诗歌《吊圆明园故址》中写道:"圆明两度昆明劫,鹤化千年未忍归",对圆明园的遭遇表达了悲痛之情。

今天,当我们漫步在圆明园遗址中时,已看不到它昔日的风采,只剩下乱石孤柱向人们诉说着百余年前英法联军的罪恶。

圆明园遗址(局部)▶

有公足壮海军威
——邓世昌与黄海海战

导语 在山东省威海市的刘公岛，有一座灰白色的建筑——中国甲午战争博物馆陈列馆。这里有民族英雄邓世昌的雕像：他手执望远镜，眺望着大海，随风扬起的斗篷预示着一场风暴的来临。

1849年，邓世昌出生在广东番禺（今广东省广州市）。少年时，他目睹西方列强的军舰在中国境内横行，便立下志愿，要献身于海疆保卫事业。

1867年，邓世昌怀着救国的理想，考入福州船政学堂，学习舰船驾驶。1871年，邓世昌被分到"建威舰"实习，有幸随舰巡历大洋。后来，他历任"海东云""振威""镇南""扬威"

◀ 中国甲午战争博物馆陈列馆

各舰管带。

  1887年,清政府派邓世昌赴英、德两国,接回在欧洲订购的"致远号""靖远号""经远号""来远号"。在当时的中国,这是四艘先进的军舰,后来它们成为"北洋舰队"的一部分。在舰队中,邓世昌被任命为"致远号"管带。他和全舰将士投入紧张的海上训练中,随时准备为保卫祖国的锦绣河山而战斗。

  1894年,日本不宣而战,对北洋海军发动突然袭击,清军数百名士兵殉难。清政府被迫对日宣战。因为当年是旧历甲午年,这场战争也被称为"甲午战争"。

  9月17日,北洋海军提督丁汝昌率领北洋海军十余艘舰艇,与日军舰队在黄海海面相遇,一场海战爆发了。顿时,舰炮轰鸣,烟雾弥漫,

◀ 定远舰复原舰

海面上出现了一根根巨大的水柱。北洋旗舰"定远"本率先开火,谁知大炮的后坐力竟震坍了舰桥,丁汝昌从舰桥上跌落负伤。因此,中国舰队从一开始就失去了统一的指挥。由于船速、射速均不及对方,随着战斗的发展,北洋水师逐渐处于不利的地位,但尚能勉强与日本舰队抗衡,未致落败。

然而,"致远号"的沉没改变了战局。在战斗中,该舰受了重伤。因遭日舰炮击,"致远号"水线下有多处大洞,海水汹涌地灌入船体,军舰随时有沉没的危险。

邓世昌知道,军舰已到最后关头,决心孤注一掷,以舰体撞击日舰"吉野"。

于是,他在指挥台上对全舰将士作了最后的

有公足壮海军威——邓世昌与黄海海战

◀ 邓世昌像

动员：

"我辈从军卫国，早置生死于度外。今日之事，不过就是一死，用不着纷纷乱乱！我辈虽死，而海军声威不致坠落，这就是报国呀！"

在邓世昌的激励下，全舰官兵同仇敌忾，鼓足马力，勇猛地朝"吉野"冲去。敌人见了，紧急逃避，并集中火力攻击"致远号"，终于把"致远号"击沉。舰上官兵接连坠入大海，邓世昌也落水了。他的部下递来一个救生圈，他坚决不接。正在这时，一艘中国鱼雷艇驶来，营救落水的官兵。邓世昌被救起后，发现"致远号"已沉没，便又一次投身入水。

邓世昌养了一条爱犬。这时，它飞速游来，

衔住邓世昌的衣服，使他无法下沉。邓世昌抱定必死之心，按住爱犬的头，与它一起沉入大海。邓世昌壮烈殉国，时年45岁。

得知邓世昌牺牲的消息，光绪帝悲痛地写下挽联："此日漫挥天下泪，有公足壮海军威。"

写给皇帝的《万言书》
——康有为公车上书

> **导语** 甲午战争的失败,使中国面临亡国的危险。此后,帝国主义者叫嚣着瓜分中国。这场战争给中国敲响了警钟,也促进了中华民族的觉醒。

1895年春,三年一次的会试在北京(今北京市)进行。考试结束后,各省举人聚集在京城,等待放榜。就在这时,清朝因甲午战败,派李鸿章赴日本谈判,李鸿章于4月17日签订了《马关条约》。条约规定,中国割让台湾全岛及所有附属岛屿、澎湖列岛和辽东半岛给日本,赔偿日本军费白银两亿两等。

这一消息传到国内,引起全国人民的强烈反对。在京的广东举人康有为怒火冲天,与他的

▲ 李鸿章

（1823—1901年）安徽合肥（今安徽省合肥市）人，晚清政治家、外交家、洋务派代表人物。

学生梁启超一起，准备发动在京举人，联名上书光绪帝，阻止清政府批准条约。4月28日，广东、湖南的举人前往最高监察机关都察院递交请愿书。

　　清政府见状，慌了手脚，只好先把请愿书收下来，这让康有为信心百倍。为打动光绪帝，他决定再次发动全体举人参加请愿活动。为此，康有为夜以继日，写出一万余字的《上清帝第二书》(即《万言书》)，向光绪帝提出拒签和约、迁都抗战、变法图强三项建议，并详细论述富国、养民、教民等变法图强的具体措施，初步形成资产阶级改良主义的变法纲领。

《万言书》写成后，康有为请在京的各省举人前来集会，征求意见。最终有六百零三名举人在《万言书》上签名，并约定举行总请愿活动。

朝廷听到风声，暗中派人到举人们的住所，并威胁道："谁敢跟着康有为胡闹，就不录取谁！"但举人们不为所动。5月2日，在康、梁的带领下，举人们全体出动，将都察院团团围住，要递送请愿书。这场请愿运动轰动京城，国内的爱国情绪达到高潮。

这一次，都察院向举人们解释，《马关条约》已经盖上皇帝的玉玺，无法挽回，所以不肯代为递送请愿书。这次上书运动轰轰烈烈，却未能实现预期目的。

汉代，官府以公家车马递送应举的人，后因以"公车"为举人入京应试的代称。因此，这次全国举人的爱国请愿活动就被称为"公车上书"。公车上书拉开了资产阶级维新变法运动的序幕。

上书失败后，以康有为、梁启超为代表的维新派没有放弃救国的努力。他们纷纷著书立说，介绍外国变法的经验教训。他们还在各地创办报刊、学会、学堂，为变法制造舆论、培养人才。

1897年，德国强占胶州湾。康有为再次上书光绪帝，痛陈时局危机，提出不变法即将亡国的严重警告。光绪帝表示不愿做亡国之君。1898年6月，光绪帝颁布《明定国是诏》，宣布实行变法。由于当年为旧历戊戌年，所以这次变法史称"戊戌变法"。变法的主要内容包括精简京内外一些闲散衙门和官员；兴办资本主义工商业；裁减绿营，采用新法操练军队；废八股，

▲ **康有为**
（1858—1927年）广东南海（今属广东省佛山市南海区）人，晚清著名政治家、资产阶级维新派的代表人物。

设学堂；奖励新著作、新发明；允许人民自由创立报馆和学会等。

戊戌变法触犯了以慈禧太后为首的顽固派的利益。9月21日，慈禧太后发动政变，光绪皇帝被囚禁于中南海瀛台，一些维新人士遭到逮捕和杀害。"戊戌变法"以失败告终。

只因鬼子闹中原
——义和团运动

> **导语**
> "义和团,起山东,不到三月遍地红。"这首一百多年前的民歌,反映了中国近代史上反帝爱国运动的重要一幕——义和团运动。

义和团源自义和拳、梅花拳、大刀会等民间秘密组织,此类组织最初活跃在山东(治今山东省济南市)、直隶(治今河北省保定市)一带,通过练习拳棒、传授武艺、散发传单等形式组织群众。

1899年夏,山东巡抚毓贤将义和拳改称义和团,承认其为合法团体,此后各种名目的民间秘密武术团体遂纷纷更名义和团。在"抚"的同时,毓贤"剿抚并用",不断镇压义和团。同年秋,在首领朱红灯的带领下,山东义和团打败了前来镇压的清军,取得平原大捷。此后,义和团运动从地下转向公开,声势日渐浩大。

"义和团,神助拳,只因鬼子闹中原。"随着帝国主义侵略的加深,义和团逐渐把斗争矛头指

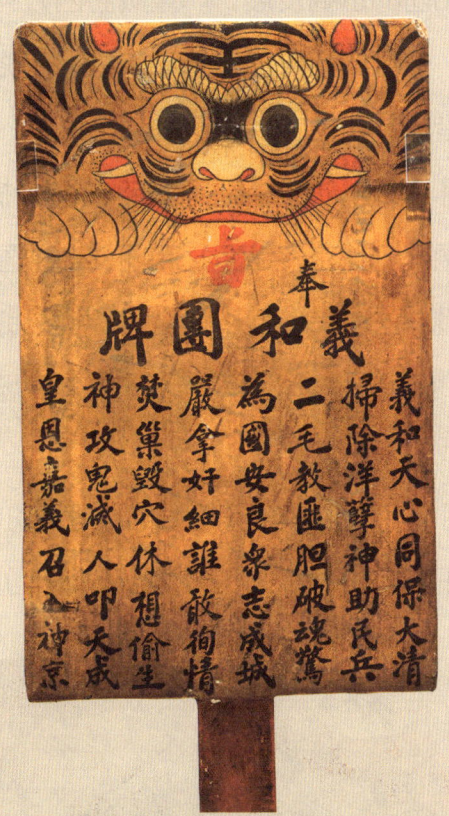

▲ **义和团牌**

这是一面义和团牌,上面写的"扫除洋孽神助民兵,二毛教匪胆破魂惊,为国安良众志成城,严拿奸细谁敢徇情",体现了义和团"扶清灭洋"的宗旨。"扶清"反映了义和团对清政府抱有幻想,"灭洋"体现了义和团盲目排外的特点。

向外来侵略者。

1900年4月，义和团众已出现在北京（今北京市）。不久，他们围攻各国公使馆，焚烧教堂。有时候，清军和他们一起进行反帝斗争，无处申冤的百姓也会向义和团寻求帮助。

义和团的迅猛发展，严重威胁西方列强的在华利益。他们的"灭洋"行动，给了侵略者再次入侵的借口。

5月28日，西方列强决定以"保护使馆"的名义调兵到北京，镇压义和团。对中国出兵的有英、俄、法、美、意、日、德、奥，即"八国联军"。很快，这场军事行动演变为一场大规模的侵华战争。

6月10日，在英国海军中将西摩尔的率领下，两千多名侵略军自天津（今天津市）向北京

◀ 义和团团民

进犯。在廊坊（今河北省廊坊市）等地，他们遭到清军董福祥、聂士成部及义和团团民阻击，被迫于26日退回天津。侵略军共伤亡约290人。

正当西摩尔在廊坊受阻时，八国联军对大沽炮台（今属天津）发起进攻。4座炮台腹背受敌，相继失守。大沽失陷后，清军及义和团不断进攻租界，但并未切断津沽间的交通线，侵略者趁机从大沽向租界增兵。6月21日，清政府向列强宣战。7月14日，天津失陷。

此后，清军及义和团在京津间奋力抵抗八国联军，但并未有效阻止其攻势。至8月13日，侵略者已逼近北京城。14日，八国联军攻入北京城。慈禧太后换上农妇的衣服，带着光绪帝和一众王公大臣仓皇逃跑了。八国联军入城后，遭到义和团和清军的顽强抵抗，至17日方占领全城。

慈禧太后本想利用义和团对抗列强。北京城陷后，她在逃难中下令镇压义和团，又命李鸿章与侵略者议和。在中外反动势力的联合夹击下，义和团运动失败了。

1901年9月7日，清政府与列强签订《辛丑条约》。至此，清政府完全沦为帝国主义国家统治中国的工具。

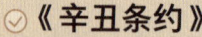《辛丑条约》

《辛丑条约》又称《辛丑各国和约》《辛丑议定书》，被认为是中国近代史上失权最严重的不平等条约之一。

紫禁城中的最后一位皇帝
——宣统帝

导语 1912年2月12日，在北京紫禁城（今北京故宫），清宣统帝退位。这是中国历史上的大事件，宣告帝王制度在中国历史舞台上的谢幕。那么，宣统帝为什么退位呢？

1908年11月，光绪帝与慈禧太后相继去世。光绪帝没有子嗣，继位者是他弟弟载沣不满三岁的儿子溥仪，即清朝末代皇帝宣统帝。光绪帝的皇后隆裕效仿慈禧，开始垂帘听政，并被尊为"隆裕皇太后"。载沣担任监国摄政王。隆裕、载沣成为宣统朝掌握实权的人。

这个时期，清政府的统治更加腐败，帝国主义加紧侵略中国。国内外矛盾交织在一起，促进

▲ 溥仪

（1906—1967年）爱新觉罗氏，字浩然，史称"清废帝"。

了中国民主革命的发展。以孙中山为代表的革命党人不断掀起革命浪潮，使清政府处于风雨飘摇之中。当时，社会上流传着一首民谣："不用掐，不用算，宣统不过二年半。"

　　1911年是旧历辛亥年。这一年的10月10日，辛亥革命爆发。武昌地区（今湖北省武汉市武昌城区）的革命党人首先发动起义，很快就控制了武汉三镇（武昌、汉口、汉阳），革命取得初步胜利。武汉三镇是清朝的军事重心之一，仅湖北新军就有约一万七千人。然而，清政府万万没有想到，这支军队里约三分之一的士兵和军官加入了革命党，这次更是对清政府发动反戈一击。武昌起义像晴天霹雳，使清朝统治者极为震惊。不久，全国多个地区宣布独立，清朝的统治走到了尽头。

1912年1月1日，中华民国临时政府宣告成立，孙中山在南京（今江苏省南京市）出任临时大总统。这一新政权开始与清王朝南北对峙。面对不利局面，清政府企图借助帝国主义的力量，镇压辛亥革命。然而，西方列强决定抛弃清朝皇帝，并扶植新的代理人。清政府走投无路，只得拉拢赋闲在家的北洋军阀首领袁世凯，任命他为内阁总理，希望他能稳定局面，延续清朝的统治。

袁世凯本是晚清重臣。宣统帝继位后，他受到载沣的排挤，交出军权，告老还乡。现在，见夺权时机成熟，袁世凯决定投靠帝国主义。一方面，他以革命党的存在相威胁，逼迫清政府交出政权。另一方面，他令北洋军猛攻汉口（今湖北省武汉市汉口城区）和汉阳（今湖北省武汉市汉阳城区），迫使革命党人停战议和。在议和期间，袁世凯假意拥护共和，并以迫清帝退位为诱饵，逼使孙中山把大总统的位子让给他。

▲ 袁世凯

（1859—1916年）字慰庭，又作慰亭，号容庵，河南项城（今河南省项城市）人。

1912年1月，清王朝的顽固派良弼被革命党炸死，一众王公贵族惶惶不安。见大势已去，他们纷纷逃离北京。

情急之下，隆裕太后授予袁世凯一等公爵，希望他可以保证大清不亡。然而，大总统的位置对袁世凯更具吸引力。他一口回绝了隆裕，还让亲信不时入宫恐吓她。为了摆脱困境，隆裕太后主持御前会议，邀请满蒙王公等商量对策。然而，他们争论不休，根本拿不出解决问题的办法。在这种情况下，皇帝退位成了最后的选择。

紫禁城中的最后一位皇帝——宣统帝

▲ 清时期全图（1908年）

年幼的宣统帝不曾参与这场政治博弈。在他的记忆深处，却铭刻着这样的情景：有一天，在养心殿东暖阁，隆裕太后坐在靠南窗的炕上，不停地用手绢擦眼泪。一个胖老头跪在她面前，也是满脸泪痕。当时，皇帝不明白他们为什么哭。后来，他才知道，那个装哭的老头就是袁世凯。也正是他，在逼迫自己退位！

2月12日清晨，北风呼啸，天寒地冻。这是清王朝的最后一天。这一天，上演了中国帝制时代的最后一次早朝。隆裕太后不再垂帘听政，而是和小皇帝并排坐在皇帝宝座上。

当内侍跪着把"退位诏书"递给隆裕太后时,她不禁泪如雨下。根据民国政府与清廷协商的结果,皇室获得优待,溥仪可以暂居紫禁城。宣统帝退位了,清王朝寿终正寝,在中国存在了两千多年的君主专制制度宣告结束。

五年后,在北洋军阀张勋的支持下,溥仪上演了一出复辟的闹剧,恢复了"宣统"年号。然而,仅仅十一天后,复辟失败,溥仪只得再次退位。

平易近人的总统
——孙中山与中华民国

> **导语** 中华民国建立后,孙中山就任临时大总统。他不讲排场,为人谦恭,人称"平民大总统"。身为大总统,孙中山与旧时代的皇帝有什么不同?他有怎样的人格魅力?

1912年1月1日,孙中山在南京(今江苏省南京市)就职中华民国临时大总统。在就职誓词中,他表达了"巩固中华民国,图谋民生幸福"的政治理想。

南京临时政府成立不久,有一位老人来到总统府,说要见孙中山。卫士问:"您找大总统有什么重要的事情吗?"老人摇摇头,说:"没什么大事,我就是想见见大总统。"卫士认为,总统

▲ 南京总统府

1912年1月1日，孙中山在此宣誓就职中华民国临时大总统。

公务繁忙，这位老人又无要事，就准备打发老人离开。这时，侍卫队长正好路过，便仔细询问了老人的情况。原来，老者是个盐商，专程从扬州（今江苏省扬州市）到南京，就是想一睹大总统的风采。队长得知老人家的来意，就去向总统报告。孙中山听了，说道："你去把老人请进来吧，我很愿意见他。"

老人毕恭毕敬地来到孙中山面前。孙中山见了，微笑着，准备和老人握手，却见老人突然跪倒在地，准备行三跪九叩之礼。孙中山急忙把他扶起来，亲切地说："都民国了，这一切都免了吧。总统是人民的公仆。我就是为全国民众服务的。"孙中山表现得诚恳而谦和，没有一点架子，这令老人非常感动。

一天,孙中山带着几个人,骑马去雨花台察看清朝留下的炮台。之后,他们返回总统府。

▲ 孙中山

(1866—1925年)名文,中国民主革命的伟大先驱、中华民国第一任临时大总统、中国国民党的缔造者。

在返程中,路旁有群众认出了孙中山,那人便高呼道:"孙大总统来了!大总统万岁!"顿时,阵阵掌声响起,欢呼声不断。孙中山则向大家招手致意。警察闻讯,前来维持秩序。带队的长官挥舞军刀,要驱散人群。孙中山见状,立即派卫士制止，并严肃地说："不能这样对老百姓，我们是公仆。"

民众越聚越多，把孙中山一行围了起来。为了不影响群众的情绪，孙中山便绕道返回总统府。

孙中山所到之处，经常有民众喊"大总统万岁"。对此，他总是说："封建专制已经被推翻，有人喊我'万岁'，这很不合适。"身边的工作人员向他解释："您对革命贡献大，大家这样喊是表示对您的拥戴。"孙中山严肃道："比起那些献出宝贵生命的先烈，我这点贡献算不了什么。"

清帝退位不久，孙中山辞去临时大总统的职务。此后，无论是袁世凯称帝，还是张勋复辟，

《中华民国临时约法》

1912年3月11日，南京临时政府大总统孙中山公布了《中华民国临时约法》，这是具有资产阶级共和国宪法性质的文件。它规定中华民国之主权属于国民全体，以参议院，临时大总统、国务员（包括国务总理和各部总长），法院分别行使立法权、行政权和司法权。它还规定，临时大总统由参议院选举产生。

孙中山都高举义旗，捍卫民主共和。1925年3月12日，孙中山因病去世。

孙中山一生以"天下为公"为己任，坚定践行了"替众人服务"的誓言。在生命的最后一刻，他仍心系国家，告诫革命者革命尚未成功，应继续努力。

北大的"三只兔子"
——新文化运动中的巨匠

> **导语** 新文化运动时期,蔡元培、陈独秀、胡适都在北大工作,都属兔。"三只兔子"一时成为美谈,流传至今。

1917年1月4日,北京大学门口,所有校工毕恭毕敬地等着新校长的到来。一会儿,一位风度翩翩的学者乘车到达。下车后,他立即脱帽鞠躬,向欢迎者致敬。当时,北大校长是教育界的大人物,其履新时,校工都应先向校长行礼致敬。

从校长做起,一改旧俗,开北大新风之先——这就是蔡元培。

到任北大校长后,蔡元培向全校师生发表就职演说。他强调,大学是研究高深学问的地方,

▲ 蔡元培

（1868—1940年）字鹤卿，号子民，浙江绍兴（今浙江省绍兴市）人，中国近代民主革命家、教育家。

还尖锐地指出大学生"当以研究学术为天职，不当以大学为升官发财的阶梯"。

蔡元培提出"思想自由，兼容并包"的办学方针。他广纳人才，唯才是举。一时间，北大大师云集。在自由的空气中，每个人都能够发挥所长，显示了北大的大气与活力。蔡元培的出现，使北大从墨守成规的旧式学堂，变成了生机勃勃的新式大学。

蔡元培注重吸纳有革新思想的人才。他看中新文化运动的发起人陈独秀，想请他到北大工

▲《新青年》杂志

　　1915年，陈独秀在上海（今上海市）创办《青年杂志》，后改名《新青年》。他在创刊号上发表《敬告青年》一文，发起新文化运动，表达了他反对封建礼教，追求"民主"与"科学"的强烈愿望。

作。于是，蔡元培三番五次登门拜访陈独秀。有时来得很早，陈独秀还没有起床，他就坐在门口等候。"三顾茅庐"后，他终于打动陈独秀，后者同意出任北大文科学长。

　　陈独秀到任北大后，《新青年》编辑部便从上海迁到了北京。从此，北京大学成为当时中国思想界最活跃的阵地。这里聚集了胡适、李大钊等知识分子，他们传播新思想、新文化，引领年轻

李大钊像 ▶

人改造社会。

　　1917年，留学美国的胡适回到中国。经陈独秀举荐，他成为一名北大教授。在美国时，他就在《新青年》上发表了重要文章《文学改良刍议》。到了北大，胡适更是声名鹊起，他反对旧文学，提倡新文学，主张用白话文写作。胡适推出了第一部新诗集《尝试集》，发起了白话文运动。

　　在北大，"三只兔子"相会。他们向旧思想、旧道德、旧习俗和旧文学开战，宣扬科学和民主，提倡白话文、新文学，留下了中国近代史上的一段佳话。

外争主权，内除国贼
——轰轰烈烈的五四运动

导语 5月4日是青年节。这个节日来自一百多年前的一场爱国主义运动。这场运动是足以影响中国历史进程的重要事件。它因何而起？为什么产生了如此巨大的能量？让我们走近那个群情激昂的年代，听听五四运动的故事。

今天，北京市东城区五四大街29号坐落着一栋红楼。这栋建筑的前身是北京大学第一院（文学院）。一百多年前，李大钊、陈独秀、毛泽东等人就是在这里传播马克思主义和民主、科学的进步思想的。参与五四运动的北大学生，也是在这里制作各种标语、横幅，并从这里出发去游行的。

北大红楼 ▶

  1914年，第一次世界大战在欧洲爆发。同年，日本趁西方列强无暇顾及东亚，从德国手中抢占了以青岛（今山东省青岛市）为中心的胶州湾租借地，并占领了胶济铁路沿线各地。这时，袁世凯想要复辟帝制，为了争取日本的支持，他与日方展开秘密谈判。在会谈中，日方提出灭亡中国的"二十一条"。对此，袁世凯大体上表示同意。然而，1916年袁氏称帝梦碎而死。

  1917年，中国加入协约国，北洋政府派数十万中国劳工漂洋过海，前往欧洲。他们在战场上挖战壕，搬军械，从事最苦、最累的工作。协约国最终取得胜利，其中有中国的一份功劳。1919年1月，为处置战败的德国，重新建立世界秩序，英、美、法、日等战胜国在法国巴黎（今法国巴黎）召开国际和平会议。作为战胜国，中国派出代表团参与巴黎和会。在会上，中国提出取消帝国主义在华特权，废除严重损害中国主权的"二十一条"等要求。然而，弱国无外交，巴黎和会事实上是一场帝国主义列强的分赃会议。列强拒绝了中国的合理诉求，还将德国在山东的非法权益全部转交给日本。中国在巴黎和会的外交失败，激发了中国人民强烈的爱国主义情绪。人们痛恨帝国主义列强，也对软弱无能的北洋政府深感失望。

青年学生率先起来抗争。5月4日下午，北京大学、北京高等师范学校等十余所学校的三千多名学生走上街头，向天安门进发。学生们手里拿着提前准备好的小旗，上面写着"还我青岛""外争主权，内除国贼""取消二十一条""拒绝和约签字"等口号，其中最醒目的，是北大法科学生谢绍敏前一天晚上的血书"还我青岛"。

天安门前，学生们聚集起来，聆听爱国演讲，随后开始示威游行。当他们来到使馆云集的东交民巷时，遇到使馆巡捕的阻拦。学生们转而前往亲日派卖国贼曹汝霖位于赵家楼胡同的住

五四运动 ▶

宅。曹汝霖见学生们来势汹汹，连忙躲藏起来。另一卖国贼章宗祥正在曹汝霖家做客。他慌不择路，撞见义愤填膺的学生，遭到一顿毒打。学生们找不到曹汝霖。这时，一个名叫匡互生的学生带了火柴，就在曹汝霖家点起了火。大批军警闻讯赶到，逮捕了三十多名学生。经过北大校长蔡元培等人的营救，被捕学生后来获释。

6月3日，北京（今北京市）二十多所学校各派出上百名学生上街演讲，开展爱国主义宣传。他们遭到北洋政府的无情镇压，至4日，先后有八百多名学生被捕。消息传出，上海（今上海市）的工人罢工，商人罢市，学生罢课，出现了声势浩大的"三罢"高潮。这场爱国主义运动，迅速由北京、上海向全国扩散，形成前所未有的反帝爱国浪潮。迫于压力，北洋政府罢免了曹汝霖、章宗祥和另一卖国贼陆宗舆的职务。

6月28日，巴黎和会落下帷幕。经过几个月的讨价还价，各国准备在凡尔赛宫签订和约，即《凡尔赛和约》。在五四运动的影响下，中国代表团并未签字。

五四运动是一场彻底的反对帝国主义和封建主义的群众爱国运动。它与新文化运动相互配合，极大地提高了中国人民的觉悟，推动了马克思主义的广泛传播。在五四运动中，中国工人阶级作为独立的政治力量第一次登上政治舞台，为中国共产党的成立做了思想上、干部上的准备。它标志着中国民主革命由资产阶级领导的旧民主主义革命向无产阶级领导的新民主主义革命转变，是新民主主义革命的开端。

南陈北李，相约建党
——中国共产党的诞生

> **导语**
> 你知道中国共产党的生日是哪一天吗？答案是7月1日。伟大的中国共产党是如何诞生在中华大地上的？它到底是不是7月1日建立的呢？

自鸦片战争以来，中国逐步沦为半殖民地半封建社会，饱受列强的欺凌与压迫。中国的有识之士有感于国家危亡，急切地希望找到一条救国救民的道路。于是，他们放眼世界，积极学习、传播国外的新学说、新思想。辛亥革命之后，孙中山就任中华民国临时大总统，建立了资产阶级政权。然而，政权很快落入北洋军阀手中，数年内政局动荡，民不聊生。正当爱国知识分子为中国的前途忧心忡忡时，马克思主义进入了他们的视野。

1917年俄历10月,俄国爆发革命,产生了由工人阶级领导的政权,这是第一个无产阶级专政的社会主义国家。十月革命胜利的消息传到中国,在知识界引起了巨大的反响。李大钊激动地欢呼:"试看将来的环球,必是赤旗的世界!"他的意思是,未来的世界必将是马克思主义指导下的共产主义世界(共产主义者以红旗为标志)。五四运动后,马克思主义开始在中国大规模传播。

中国工人阶级的成长和马克思主义的广泛传播,使中国的马克思主义从理论走向实践成为可能。李大钊与新文化运动的发起者陈独秀都是五四运动的重要领袖。1920年初,为躲避反动军阀的迫害,陈独秀秘密前往上海(今上海市)。李大钊不顾个人安危,护送他出京,两个人在途中商议建党大计,留下了"南陈北李,相约建党"的佳话。到上海后,陈独秀深入工人群众当中,宣传马克思主义。1920年8月,他在上海成立了第一个共产党的早期组织。两个月后,留在北京的李大钊成立了"共产党小组"。在南陈、北李的合力推动下,武汉(今湖北省武汉市)、长沙（今湖南省长沙市）、济南（今山东省济南市）、广州（今广东省广州市）等地相继产生了党组织。在此基础上，陈独秀、李大钊等人认为成立中国共产党的时机已经成熟。

1921年7月23日，中国共产党第一次全国代表大会在上海法租界的一栋小楼内秘密举行。看到这里，可能有人感到疑惑——我们的建党节不是"七一"吗？怎么是7月23日呢？原来，毛泽东于1938年在作《论持久战》的演讲时提出，"今年七月一日，是中国共产党建立十七周年纪念日。"当时，延安（今陕西省延安市）是中共中央所在地。而在延安的一大出席者，只有毛泽东和董必武两个人。他们回忆，中共一大是在7月份召开的，却记不清是哪一天了。因

▶ 上海中共一大会址

此，中共中央就把 7 月 1 日定为象征性的党的生日。直到 20 世纪 70 年代末，党史学家、民间学者经过深入研究，得出了结论：中共一大开幕的日期是 7 月 23 日。

出席此次大会的有上海的李达、李汉俊，北京的张国焘、刘仁静，长沙的毛泽东、何叔衡，武汉的董必武、陈潭秋，济南的王尽美、邓恩铭，广州的陈公博、包惠僧，旅居日本的周佛海，以及共产国际的代表马林与尼科尔斯基。陈独秀和李大钊因故没能出席会议。

7 月 30 日，一大第六次会议因侦探闯入和其后的租界巡捕搜查而被迫中断。经过这些突发状况，代表们感到，继续在上海开会太危险了。李达的夫人王会悟提议，到距离上海不远的江南小城——嘉兴（今浙江省嘉兴市）去开会。为确保安全，会议在嘉兴南湖的一艘红色游船上继续进行。会议通过了《中国共产党第一个纲领》与《中国共产党第一个决议》。会议明确了中国共产党的奋斗目标是推翻资产阶级，建立无产阶级专政，实现社会主义和共产主义。会议还选出了中国共产党的领导机构——中央局，由陈独秀担任书记。

南陈北李，相约建党——中国共产党的诞生

中国共产党的成立是中华民族发展史上一件开天辟地的大事。在党的领导下，中国革命的面貌焕然一新。

南湖红船（复制品）▶

你方唱罢我登场
——北洋军阀的大混战

> **导语**
> 第二次直奉战争后，奉系军阀张作霖派遣下属、奉系实力派之一的张宗昌入据山东，担任山东军务督办。除了张作霖、张宗昌，当时还有哪些军阀呢？他们之间发生了哪些故事？让我们一起走近那个混乱不堪的北洋军阀时代。

"北洋政府""北洋军阀"都是大家耳熟能详的词语。那么，"北洋"二字是怎么来的？早在清朝晚期，"北洋"一词就已经出现。当时，人们认为，今江苏省以北的山东、河北、辽宁等沿海各省为北洋，其以南沿海各省为南洋。鸦片战争后，中国被迫与西方列强打交道，于是清政府专门设立了北洋大臣与南洋大臣两个职务，分管北方与南方的外交、通商事务。就这样，北洋从一个地域概念，进入政治层面，衍生出"北洋水师""北洋武备学堂"等实体。

1895年，在今天津市东南，有个"新农镇"，因为这里建有一处小驿站，所以人们又把它称作"小站"。当时，清政府命袁世凯按照德国的营制、操典，在这里训练新建陆军。后来，他继李鸿章任直隶总督兼北洋大臣，所建军队称"北洋军"。袁世凯借改革军制扩编北洋军为六镇，从此成为北洋军阀首领。后来，袁世凯称帝不成，忧愤而死。他的部下没了主心骨，分化为直、皖、奉三系。

直系军阀因首领冯国璋出生于直隶省（治今河北省保定市）而得名，此后曹锟、吴佩孚、孙传芳先后担任直系领袖。这一派系控制着直隶以及江苏（治今江苏省南京市）、江西（治今江西省南昌市）、湖北（治今湖北省武汉市）等省，受到英、美两国的扶植。皖系军阀因首领段祺瑞的籍贯在安徽（治今安徽省安庆市）而得名，掌控安徽、浙江（治今浙江省杭州市）、福建（治今福建省福州市）等省，其背后的靠山是日本。奉系军阀主要是奉天（治今辽宁省沈阳市）人

◀ 张作霖像

张作霖，他也与日本人走得很近。奉系的地盘是东北。

袁世凯死后，皖系实际把持北京（今北京市）中央政府。当时，各派系之间发生了不少摩擦。1920年7月，直皖之间的矛盾如火山一样爆发。直系军阀曹锟、吴佩孚联合张作霖，与皖系开战。直奉联军只用了五天时间就击败了皖系军队。此后，段祺瑞被迫下野，直奉两派分享了北京政府的权力。这就是"直皖战争"。

直系和奉系消灭了共同的敌人，便很快从伙伴变成了对手。1922年4月，曹锟、吴佩孚以反对张作霖推荐梁士诒任国务总理为由，迫梁去职，导致直奉之间爆发大战。结果，奉军战败，完全失去了北京政府的控制权。这是"第一次直奉战争"。

直系赶走了奉系，曹锟不再满足于当直系的领袖，而是要当中国的领袖。他不惜采用卑鄙的

吴佩孚像 ▶

贿赂手段，用重金收买选票，最终登上了大总统的宝座。然而，这种以金钱操纵政治的行为遭到全国人民的唾骂。

战败后，张作霖知耻而后勇，努力操练军队，奉军在短期内实力大增。趁曹锟贿选总统、失去民心之际，张作霖于1924年9月发兵报仇，吴佩孚也调兵迎战。就在战事焦灼之时，另一直系将领冯玉祥突然倒戈。他领兵返回北京，囚禁了曹锟。消息传到前线，直军全线崩溃，奉军大举入关。吴佩孚只得率领残部逃往南方。冯玉祥为什么在关键时刻背叛直系呢？原来，吴佩孚在打赢张作霖后，飞扬跋扈。他不仅不把其他直系将领放在眼里，还想方设法地削弱他们的兵力。冯玉祥早就对吴佩孚不满，于是趁此机会反戈一击。这就是"第二次直奉战争"。

张作霖战胜吴佩孚后，执掌了北京政府。逃到南方的吴佩孚则占据了湖北、湖南（治今湖南省长沙市）、河南（治今河南省开封市）等地。原属直系、后自成一派的孙传芳在东南异军突起，占领了福建、浙江、江西、安徽、江苏五省。最终，北洋军阀形成了张作霖、吴佩孚、孙传芳三足鼎立的局面。

北洋军阀的大混战使得国家分裂、政局动荡，人民的生命与财产得不到保障，社会经济遭受严重破坏。军阀们为争取列强的支持，不惜出卖中国的主权，更进一步加深了列强对中国的侵略。

联俄、联共、扶助农工
——第一次国共合作与国民革命的兴起

> **导语**
>
> 每逢重要节假日，北京天安门广场上都有一幅孙中山先生的巨型画像。我们为什么要纪念孙中山先生呢？他对中国革命的进程产生了哪些重要影响呢？

我们都知道，孙中山曾创立兴中会、同盟会、国民党，积极宣传革命思想。在他的影响下，辛亥革命取得了胜利，腐朽落后的清政府倒台了。然而，革命果实却被袁世凯窃取。袁死后，中国进入了军阀混战的时代，国家四分五裂，政府腐败不堪，人民流离失所。孙中山看在眼里，痛在心头，誓要拯救民国，把革命进行到底。于是，他与众多仁人志士开展了多次反对北

2015年10月2日，北京天安门广场上的孙中山画像

洋军阀的斗争，但都以失败告终。其间，俄国十月革命爆发，这对孙中山触动很大。此后，孙中山决定"以俄为师"，想把俄国革命的路线与方法，运用到中国革命上来。

说到学习俄国革命，中国共产党比孙中山行动得更早。不过，中共成立初期，一没军队，二没地盘。虽然力量弱小，但中共党员的革命意志可不小。他们深入工人群众，发动工人闹革命。1923年2月7日，大军阀吴佩孚血腥屠杀京汉铁路罢工工人。至此，中国共产党意识到，不能继续孤军奋战了，必须要与中国其他进步力量结成同盟，才能最终取得革命的胜利。

在苏联的影响下，中国共产党于1923年召开第三次全国代表大会，同意党员以个人身份加入国民党。1924年1月,国民党召开第一次全国代表大会。有人可能要问,国民党成立于1912年,怎么到1924年才召开第一次全国代表大会?原来,以前的国民党组织涣散,思想混乱,只是一个松散的同盟,无法也没必要召开全国性的代表大会。因此,国民党需要改组,加入新鲜血液,召开全国代表大会的时机已经成熟。

国民党一大确定了"联俄、联共、扶助农工"三大政策,即联合俄国(苏联),联合共产党,维护农民和工人的权益,充分发动人民群众。在三大政策的指导下,孙中山重新阐释了三民主义,即"新三民主义"。会议通过了接收共产党员以个人身份参加国民党的决定。就这样,国民党和共产党实现了合作,大大增强了革命的力量,这标志着国民革命的正式兴起。

"国民革命"是什么意思呢?它的具体含义是中国的无产阶级和资产阶级联合起来,共同开展革命。对内反对封建军阀,实现人民民主。对外反对帝国主义侵略,实现民族独立。

国民党和共产党的合作,大大加强了国民党的组织力和行动力,但这样还是不够。想要推翻北洋军阀,就必须拥有一支强大的军队。孙中山在苏联的支持下，创办了"中国国民党陆军军官学校"，校址在广州（今广东省广州市）黄埔长洲岛，这就是大名鼎鼎的"黄埔军校"。黄埔军校教授苏联红军的先进作战经验，为国民党培养了一大批优秀的军事人才。以黄埔军校的师生为基础，孙中山组建了一支"党军"。旧时代的军队多效忠于个人，谁有军饷就跟谁走。而"党军"在三民主义的旗帜下，秉持反帝反封建、救

新三民主义

新民族主义的主要任务是反对帝国主义列强的侵略，让中华民族获得自由，独立于世界民族之林。新民权主义主张，实行普遍平等的民权，一切反对帝国主义的个人及团体皆可享受自由民主权利。新民生主义的原则有二：平均地权和节制资本。在封建时代，有的贫民无地可种，有的大地主却坐拥良田万顷。平均地权就是要把土地平均分配给农民，使得"耕者有其田"，让所有人都过上好日子。平均地权是为了避免土地流入大地主手中，节制资本则是为了防止金钱集中到大财阀手中。一些大财阀家财万贯，在某些行业形成垄断地位，排挤中小企业，甚至控制国家经济命脉。这对国家经济的良性发展非常不利，所以要借助国家的力量进行调控。

国救民的理想信念，与旧式军队有本质区别。

第二次直奉战争期间，冯玉祥在北京（今北京市）发动政变，囚禁贿选总统曹锟。同时，他电邀孙中山北上，共商国是。孙中山认为，这是通过和平手段拯救中国的最好时机。1924年底，他到达北京，这时他已身患重病。1925年3月12日，孙中山在北京病逝。不久后，大革命的风暴来临了。

倒列强，除军阀
——北伐战争与国共合作的破裂

> **导语**
>
> 大家都看过《西游记》吧。孙悟空神通广大，总爱钻到妖怪的肚子里去。他在其中翻江倒海，让妖怪叫苦不迭，跪地求饶。孙中山的追随者汪精卫曾借此比喻第一次国共合作。他说，共产党就像孙悟空，国民党就像妖怪中的猪精。国共合作会害了国民党。为什么汪精卫有这种想法呢？国共合作又是如何走向破裂的呢？

孙中山去世后，他的追随者汪精卫、胡汉民、蒋介石等人继续在苏联和中国共产党的帮助下开展革命。1925年7月，国民政府在广州（今广东省广州市）成立，将党军改编为"国民革命军"，积极筹划北伐大计。

1926年7月1日，国民革命军正式出师北伐，蒋介石担任北伐军总司令。起兵后，北伐军一路势如破竹。至次年2月，他们就击溃了吴佩孚和孙传芳两大军阀的主力，控制了长江以南的广大地区，革命的中心随之转移到了长江流域。1927年1月，国民政府迁到了武汉（今湖北省武汉市）。

北伐战争的节节胜利，让蒋介石的个人野心急剧膨胀。他想要独揽大权，另立中央。1927年3月，蒋介石领兵攻克上海（今上海市）、南京（今江苏省南京市），准备与武汉国民政府分庭抗礼。与国民党内部矛盾相比，更不利的是，国民党与共产党也要走向分裂了。

在共产党的帮助下，国民党焕然一新，但国民党内的反动分子对共产党却十分忌惮。他们妄图限制、排斥共产党。

孙中山容纳共产党的态度十分坚决。因此，他在世时，国民党反动派掀不起什么风浪。孙中山去世后，这些人就开始破坏国共合作了。国民党领导人之一的廖仲恺积极拥护孙中山联俄、联共的政策，大力支持工农运动。国民党反动派将廖仲恺视为眼中钉、肉中刺，竟把他残忍地枪杀

中山舰事件

1926年3月18日，黄埔军校驻广东省办事处主任欧阳钟向海军局代理局长李之龙（共产党员）传达命令：速调军舰到黄埔待命。当中山舰于19日驶抵黄埔后，国民党反动派却造谣说李之龙私调中山舰，要劫持蒋介石等。3月20日，蒋介石借口防止"共产党阴谋暴动"，逮捕李之龙，监禁国民革命军第一军中的共产党员，并派兵包围省港罢工委员会和苏联顾问住所。通过这次事件，蒋介石打击了共产党人，国共两党之间的裂痕加深了。

了。1926年5月，蒋介石提出"整理党务案"，严格限制共产党员担任国民党内及国民政府的要职，同时要求共产党向他提交一份加入国民党的共产党员的名单。因受苏联影响，中共中央并未据理力争，于是此案被通过。

北伐战争开始后，中共发动工人与农民，反对大地主大资产阶级以及外国侵略者，开展轰轰烈烈的群众运动。以蒋介石为代表的国民党反动派则加紧勾结帝国主义和大地主大资产阶级，准备背叛革命。1927年4月12日，蒋介石派军队将共产党领导的上海工人纠察队缴械。此后，

◀ 廖仲恺像

他又大肆捕杀共产党员和进步群众。三天之内，三百多人被杀，五百多人被捕，五千多人失踪。

7月15日，汪精卫在武汉主持召开"分共"会议，宣布与共产党决裂，彻底背叛了孙中山制定的国共合作和反帝、反封建纲领。随后，他又在"清党"的名义下大肆搜捕、屠杀共产党人和革命群众，镇压工农运动。

蒋介石、汪精卫相继背叛革命后，中国国民党已变成一个代表大地主大资产阶级和列强在华利益的政党。1927年9月，武汉政府与南京政府"和平统一"，国民党政权定都南京。

二期北伐

1928年4月，蒋介石联合冯玉祥、阎锡山和李宗仁等军阀，进攻奉系军阀张作霖。日本政府决定武装干涉，出兵山东（治今山东省济南市）。5月3日，日军对济南居民和进驻济南的北伐军进行大肆屠杀，制造了骇人听闻的"济南惨案"。面对日本的武装干涉，蒋介石妥协退让，命令军队撤离济南，绕路北进。6月3日，张作霖见大势已去，在北京（今北京市）坐火车退往奉天（今辽宁省沈阳市）。4日，经过皇姑屯车站（在今辽宁省沈阳市皇姑区）时，张作霖被日军设计炸死。12月29日，张作霖之子张学良宣布服从以蒋介石为首的南京国民政府，这标志着国民政府形式上统一了全国。

星星之火，可以燎原
——南昌起义与井冈山革命根据地的建立

> **导语**
>
> 大家都知道，井冈山是革命圣地。那么，井冈山是如何成为革命圣地的呢？它在中国共产党的历史上有什么重要意义呢？

8月1日是建军节。你知道它是怎么来的吗？这要从第一次国共合作的破裂说起。蒋介石、汪精卫违背孙中山先生的革命志愿，背叛革命，大肆屠杀共产党人和革命群众。面对危机，共产党人不愿坐以待毙。在经过周密的策划之后，党中央决定把可以掌握的武装力量集中到南昌（今江西省南昌市），在这里发动起义。1927年8月1日，周恩来、贺龙、叶挺、朱德等人率

星星之火，可以燎原——南昌起义与井冈山革命根据地的建立

南昌八一起义纪念馆 ▶

领军队夺取了南昌城。南昌起义打响了武装反抗国民党反动派的第一枪，是中国共产党独立创建人民军队和领导武装斗争的开始。

随后，起义部队按计划撤出南昌，南下广东（治今广东省广州市），准备在那里建立根据地，但在途中遭到敌人的封堵，损失严重。朱德、陈毅率领南昌起义的部分队伍，转战湘南，坚持斗争。

9月9日，由毛泽东领导的秋收起义在湖南（治今湖南省长沙市）与江西（治今江西省南昌市）交界处爆发。起义军准备充分发动湖南的农民与工人，一举占领长沙（今湖南省长沙市）。

不幸的是，敌我力量太过悬殊，起义受挫。鉴于当时的形势，毛泽东果断改变了攻打长沙的计划，决定以农村为革命中心，在农村建立根据

地。在寻找根据地的途中，部队来到江西永新县三湾村（今江西省永新县三湾村）。在这里，毛泽东对部队进行改编，确立了党指挥枪的原则，在部队中建立党的各级组织，加强党的领导。针对旧军队中军官骄横、动辄打骂士兵的现象，毛泽东规定，官兵待遇平等，大家都是阶级兄弟。这次改编成为创建共产党领导下的新型人民军队的重要开端。

井冈山位于湘赣边界上，这里群山绵延，距离国民党控制的大城市较远，是建立革命根据地的理想选择。于是，毛泽东带领秋收起义的部队在这里落脚，创立了中共历史上的第一块农村根据地。此后，各地的共产党人纷纷拉起自己的队伍，在中国大地上建立了湘鄂赣根据地、鄂豫皖根据地等多个根据地。

随着各地革命根据地的建立，中共中央认为有必要成立统一的苏维埃中央政府。什么是苏维埃呢？这个词是从俄语中音译过来的，意思是"代表会议"。1931年11月，中华苏维埃第一次全国代表大会在江西瑞金（今江西省瑞金市）召开，中华苏维埃共和国临时中央政府成立。在苏维埃政权之下，所有工人、农民、士兵以及一切劳苦群众都有权选派代表参与国家管理。中共在根据地进行土地革命，切实保障了劳苦大众的利益。中国共产党燃起的星星之火，渐成燎原之势。

井冈山会师

1928年4月，在毛泽东率领的工农革命军的掩护和接应下，朱德、陈毅率领自湘南撤离的部队上井冈山，与毛泽东领导的部队会师。两支部队合编为工农革命军第四军。

白山黑水起烽烟
——九一八事变的爆发

导语 1931年9月18日的晚上，发生了震惊中外的九一八事变，这是中国十四年抗日战争的起点。那么，当时到底发生了什么？

中国的东北地区，水绕山环、沃野千里，长白山与黑龙江是其重要的地理标志，因此那里又被称作"白山黑水"。近代以来，日本发展迅速，对富饶的东北地区垂涎欲滴，想要将其据为己有。九一八事变爆发前，日本陷入了严重的经济危机，而东北地区拥有丰富的资源与庞大的市场。日本军国主义者认为，中国东北是日本的"生命线"，只有完全占有该地，才能让日本摆脱经济危机，重新走上繁荣发展的道路。

日本关东军的石原莞尔和板垣征四郎经过周

为什么日本军队能驻扎在沈阳城外？

在日俄战争中战败后，俄国将南满铁路转让给日本。日本以保护铁路为名，强迫中国在铁路沿线重要城市划定"铁路附属地"，实际上就是日本人的殖民地，日本可以向"附属地"殖民并派驻军队。发动九一八事变的日军，正是以保护铁路与侨民的名义，驻扎在沈阳"附属地"内的关东军。

密策划，决定于1931年9月18日派兵袭击沈阳（今辽宁省沈阳市）。当天晚上十时许，日军来到城外柳条湖附近日本管理的"南满铁路"旁边，炸毁了一段铁轨，反诬系中国军队所为，制造所谓"柳条湖事件"。这成了日军发动袭击的借口。

沈阳城北，有中国东北军的北大营，驻守在此的是东北军第七旅。当晚，北大营官兵听见巨大的爆炸声，不久后日军的炮弹、手榴弹如雨点般落入北大营的营房。第七旅参谋长赵镇藩指挥士兵进入预定阵地，大家纷纷摩拳擦掌，准备痛击来犯的侵略者。不过，军队有组织和纪律。在接到上级的命令之前，谁都不能擅自行动。

事变发生之前，以蒋介石为首的南京国民

◀ 旅顺关东军司令部旧址

政府制定了"攘外必先安内"的政策,要集中力量消灭进步的中国共产党,维持其反动统治。为此,国民党避免与日本发生冲突。在该政策影响下,东北地区的最高长官、中华民国陆海空军副司令张学良向东北军总参谋长荣臻下令,不得抵抗进攻北大营的日军。荣臻对赵镇藩说:"不准抵抗,不准动,把枪放到库房里。"赵镇藩听了,感到非常震惊。他想劝荣臻收回成命,但荣臻也只是奉命行事,并说:"这是命令,如不照办,出了问题,由你负责!"赵镇藩深感痛心,在率军与敌激战至19日凌晨三点左右时,因东北军伤亡颇多,最终下令退出北大营。至19日早晨,北大营、沈阳内城相继被日军占领。

在此黑暗时刻,中国共产党始终以国家、人

张学良像 ▶

民的利益为重,率先举起抗击侵略者的大旗。9月20日,中国共产党发表《中国共产党为日本帝国主义强暴占领东三省事件宣言》,号召中国劳苦大众团结起来,将日本帝国主义者驱逐出中国。至1932年2月,东北三省全部沦陷,这更激发了中国人的抗日怒潮。在中共满洲省委的领导下,大量党员骨干深入东北各地,开展抗日活动,创建抗日武装,开辟根据地。同时,一些深明民族大义的东北军军官带领旧部英勇反抗日本侵略者,以血肉之躯和敌人拼死相搏。他们与共产党领导的抗日武装一道,在白山黑水间给予侵略者以沉重打击。

九一八事变揭开了世界反法西斯战争的序幕，是中国局部抗战的开始。

> ### 九一八事变的前奏："万宝山事件"和"中村事件"
>
> 1931年5月，吉林省万宝山地区（今吉林省长春市南）的朝鲜农民私自破坏中国农民的耕地，导致双方发生冲突。7月2日，日本领事馆派日警向中国农民开枪，打死、打伤数十人。为了扩大事态，激化中朝人民矛盾，并为日本侵华制造舆论，日本当局在本国和朝鲜进行煽动，挑起反华事端。
>
> 同年6月，日本间谍中村震太郎及随员三人秘密潜入吉林，进行军事侦察，被中国军队捕杀。日本媒体拿这件事大做文章，煽动日本民众对中国的仇恨情绪，大量增兵东北。

红军不怕远征难
——第五次反"围剿"失败与红军长征

导语

红色电影《闪闪的红星》中,有这样的情节:主角潘冬子想把食盐运到苏区。为了达到目的,他先把盐化在水中,再将盐水倒在棉衣上,让棉衣充分吸收盐水。他穿着这件衣服通过胡汉三的关卡后,先把棉衣浸入清水中,再把浸过棉衣的水烘干,得到食盐。潘冬子为什么要这样大费周章地运送食盐呢?

从1930年底开始,国民党反动派对中央苏区连续进行了四次大规模的军事"围剿",结果都被红军粉碎。

此外,国民党反动派还对苏区进行严密封

◀ 中央苏区反"围剿"战争纪念馆

锁。粮食、食盐、煤油、药物等必需品被严格禁止输入苏区。正是因为严酷的封锁，才有了潘冬子巧运食盐的故事。在艰苦的环境中，共产党人仍坚持不懈地为革命理想奋斗。

1933年秋，蒋介石又派出五十万军队，对中央苏区进行第五次"围剿"。当时，中共临时中央负责人博古缺乏革命经验，对打仗一窍不通。在这种情况下，被共产国际派到苏区的德国人李德，就成为红军的实际领导者。这位军事顾问对红军的游击战术并不了解。他坚持"御敌于国门之外"，让人数和装备居于劣势的红军和国民党军队正面对抗。在红军遭到重大损失后，他又提出"不让敌人侵占寸土""胜利或者死亡"等口号，调集红军主力与优势敌军决战。红军英勇奋战一年，付出了巨大牺牲，也没能打破敌人的"围剿"，反而陷入极其危险的境地。为避免革命的火种被彻底扑灭，中共中央决定实行战略转移。1934年10月，中共中央和红军主力八万多人迈出了万里长征的第一步。

蒋介石调集兵力，围追堵截红军，企图消灭红军于湘江（今湘江）以东。红军冲破了敌人四道封锁线，挫败了蒋介石的阴谋，但损失惨重，八万多人仅剩三万多人。博古等人执意去湘西，与红二、红六军团会合。然而，国民党反动派已布下口袋阵，要一举消灭红军。危急时刻，毛泽东建议改变行军计划，转向敌人力量薄弱的贵

博古像 ▶

州（治今贵州省贵阳市）前进。这一建议得到中央多数同志的支持。不久，红军攻克了贵州遵义（今贵州省遵义市）。1935年1月，中共中央在遵义召开政治局扩大会议，总结了第五次反"围剿"失败的原因，确立了以毛泽东为主要代表的马克思主义正确路线在中共中央的领导地位。

遵义会议后，红军在毛泽东的指挥下，采取灵活的战术，声东击西，四渡赤水（今赤水河），使国民党军疲于奔命。在巧渡金沙江（今金沙江）后，红军摆脱了几十万敌军，取得了战略转移中具有决定性意义的胜利。接着，红军继续北上，强渡大渡河（今大渡河），飞夺泸定桥，爬雪山，过草地，终于在10月到达陕北吴起镇（今陕西省吴起县城），与陕北红军会师。

红军战胜了无数艰难险阻，最终完成了长征

◀ 遵义会议会议室

这一中国军事史上空前的战略大转移，奠定了中国共产党人领导革命走向胜利的基础。

> ### ⊙ 泸定桥
>
> 　　泸定桥亦称"大渡河铁索桥"，是中国现存古老的铁索桥之一。泸定桥始建于清康熙四十四年（1705年），桥净长100米，净宽2.8米。铁索由十三条锚固于两岸的铁链组成，其中九条并列，上铺木板，供人、畜通行，另四条为两旁扶栏。

从"哭谏"到"兵谏"
——张学良与西安事变

导语　在中原大战中,张学良曾对蒋介石给予军事支持。然而,在1936年,蒋介石却突然被张学良逮捕,这是怎么回事呢?

经过长征,中共中央到达陕北,逐渐在以延安(今陕西省延安市)为中心的陕甘革命根据地站稳了脚跟。在日本帝国主义加紧侵略、民族危机日益严重的情况下,蒋介石仍一面对日妥协,一面继续"剿共"——派遣张学良的东北军和杨虎城的第十七路军进攻陕北。面对斗志昂扬的红军,张学良连吃败仗。这时,东北军入关多年,官兵思念家乡,想要打跑非法占据东北的日本鬼子,而不是与同胞手足相残。当时,在东北军中流传着一句口号:"中国人不打中国人。"这充分

杨虎城像 ▶

说明了他们耻于内斗的心理。

趁此机会,共产党秘密地与张学良取得联系。1936年4月,张学良在延安与周恩来会谈。9月,中国共产党与东北军签署了《抗日救国协议》,双方正式结束敌对状态,红军、东北军、第十七路军形成了"铁三角"。张学良向红军提供了大量过冬物资:棉花、药品、新鲜食物等,解决了红军过冬的燃眉之急。西北的局势令蒋介石头疼。据特务密报,张学良、杨虎城与共产党关系密切。10月,他亲自到西安(今陕西省西安市)"督战"。12月,他又飞赴西安,要张、杨进攻红军。

12月7日，张学良面见蒋介石，他慷慨陈词，请蒋以国家和民族大义为重，放弃"攘外必先安内"的政策，联合各阶层、各党派共同抗击日本侵略者。想到自己流亡关内，不能抗日杀敌，张学良竟然在蒋介石面前哭出声来。声泪俱下的张学良"哭谏"三个小时，但蒋介石丝毫不为所动。9日，时值"一二·九"运动一周年，西安的爱国学生发动请愿游行，要求国民党当局停止内战，主动抗日。警察竟然开枪打伤学生。学生队伍群情激愤，怒潮般涌向临潼华清池（在今陕西省西安市临潼区），要直接向蒋介石请愿示威。蒋介石强令张学良武力制止学生"胡闹"。张学良心急如焚，连忙赶到现场劝阻学生，避免了一触即发的流血事件。当晚，张学良再次找到

"一二·九"运动

九一八事变后，日本占据东北，又把侵略的魔爪伸向华北，妄图以"自治"的名义控制华北。在中国共产党的领导下，北平（今北京市）学生数千人于1935年12月9日举行了抗日救国示威游行，反对华北"自治"，反抗日本帝国主义，掀起了全国抗日救国新高潮。

蒋介石，沉痛要求蒋介石联合共产党抗日，并放过学生。两人为此发生激烈争吵。至此，张学良感到绝望。既然"哭谏"不成，就只能实行"兵谏"了。

盛怒之下，张学良与杨虎城商议"兵谏"策略，部署行动计划。12日晨，东北军部队在华清池成功扣留了蒋介石。

西安事变发生后，张学良、杨虎城通电全国，提出改组南京政府、停止一切内战等八项抗日救亡主张。17日，周恩来率中共代表团到达西安，力主和平解决西安事变。23日，周恩来、张学良、杨虎城与南京政府代表宋子文举行谈判，周恩来提出"停止'剿共'政策，联合红军抗日"等六项主张。次日，双方达成以周恩来提出的六项主张为基础的协议。迫于形势，蒋介石同意停止"剿共"，联合共产党抗日。12月25日下午，张学良亲自护送蒋介石回南京（今江苏省南京市）。到南京后，蒋介石把张学良软禁了起来。1949年，他被转至台湾（治今台湾地区台北市），继续接受软禁。20世纪90年代，张学良才重获自由。

西安事变的和平解决，对推动国共两党再次

合作，团结抗日，起到了重大的作用，成为国内革命战争走向抗日民族战争的转折点。

杨虎城之死

蒋介石恨透了杨虎城。回到南京后，蒋介石取消第十七路军的编制，将该部队编入其他部队。他还逼迫杨虎城辞职，并"出洋考察"。全面抗战爆发后，杨虎城从国外回来，随即遭到囚禁。1949年，国民党全面溃败之际，蒋介石下令将杨虎城残忍杀害。

大好江山破碎时
——七七事变与八一三事变的爆发

> **导语**　八十多年前，日本侵略军在卢沟桥掀起了一场腥风血雨，中国人民进入了全面抗战的艰难时期。

九一八事变后，日本帝国主义逐渐占领了热河省（治今河北省承德市）。当时，北平（今北京市）、天津（今天津市）成为中日对峙的第一线。1935年，日本阴谋策动华北"自治"。然而，中华民族在民族危机之下团结起来，抗日运动风起云涌，日本无法实现分裂华北的阴谋，便决定诉诸武力。

为借机寻衅，从1937年6月开始，日本华北驻屯军在北平卢沟桥附近频繁演习。7月7日晚，日军谎称演习中"失踪"一名士兵，要求进

> ### 华北"自治"
>
> 九一八事变后，日本帝国主义加紧侵略华北，策划"华北五省自治"。在日本侵略者的逼迫下，南京国民政府宣布成立"冀察政务委员会"，以第二十九军军长宋哲元为冀察政务委员会委员长。该委员会名义上隶属南京国民政府，实际上是一个半独立的行政机构。在日本人看来，该委员会是一个华北自治政权。在国民政府眼中，它是华北地方政府。因此，冀察政务委员会是南京国民政府和日本侵略者相互妥协的产物。

入卢沟桥东侧中国军队的驻地宛平城（在今北京市丰台区）搜查。遭中国守军拒绝后，日军即炮轰宛平城，进攻卢沟桥。为了一举占领华北，日本于11日决定向华北增派兵力。中国军民英勇反击日本侵略者，第二十九军副军长佟麟阁、第一三二师师长赵登禹都在保卫北平的战斗中壮烈牺牲。中国守军且战且退，北平、天津相继沦陷。

日军在华北扩大侵略的同时，又积极策划侵占上海（今上海市）。

8月9日，日本驻上海海军陆战队官兵两人

今卢沟桥和宛平城楼

驱车闯入虹桥机场（在今上海市西郊）挑衅，被机场保安队击毙。驻沪日军以此为借口，要挟国民政府撤走上海保安部队，撤除所有防御工事。被拒绝后，日军于13日大举进攻上海，史称"八一三事变""淞沪会战"。

七七事变是中国全面抗战的开始，中华民族团结起来，为国家生存而战，为民族解放而战。事变第二天，中共中央在通电中率先提出，"全中国同胞，政府，与军队，团结起来，筑成民族统一战线的坚固长城，抵抗日寇的侵掠！"为促进国共两党实现团结合作抗日，中共中央派周恩来等将《中共中央为公布国共合作宣言》（以下简称《宣言》）送交蒋介石。9月22日，国民党中央通讯社发表《宣言》。23日，蒋介石发表实际上承认共产党合法地位的谈话。中共中央的《宣言》和蒋介石的谈话，宣告国共两党重新合作和抗日民族统一战线正式形成。此后，国民党在国民政府统治区阻击日军的进攻，共产党在日军占领区建立抗日根据地，把敌人的后方变成抗日的前线。全国军民同仇敌忾，粉碎了日本"三个月灭亡中国"的迷梦，为抗战最终胜利奠定了基础。

假和平，真内战
——抗日战争的胜利与重庆谈判

> **导语**
> 抗战胜利后，毛泽东和蒋介石曾在重庆（今重庆市）谈判，商讨中国的发展方向，两人还留下了珍贵的合影。重庆谈判是怎么回事呢？

日本发动七七事变后，在法西斯主义的道路上越走越远。1941年12月7日，日本派遣舰队偷袭美军在珍珠港（今美国珍珠港）的军事基地。次日，美国对日本宣战，日军在太平洋战场上节节败退。到了1945年，中国共产党和中国国民党分别在敌后战场、正面战场对日军发动战略反攻。这时，日军已是强弩之末，失败只是时间问题。8月，美军在日本广岛（今日本广岛）和长崎（今日本长崎）投下两颗原子弹，导致

◀ 重庆谈判期间,毛泽东与蒋介石合影

二十余万人死亡。苏联也派大军进入中国东北,消灭了日本支持的伪满洲国。

8月15日,日本天皇向全国播音,宣布日本无条件投降。消息传到中国,人们欢天喜地,商铺门前挂起吉祥喜庆的大红灯笼,口号声、欢呼声、锣鼓声、鞭炮声响成一片。中国军民坚持抗战十四年,终于取得了胜利。

高兴之余,中国有不少问题亟待解决。最主要的,是国民党、共产党和其他各种政治力量,应该如何团结起来,建设统一、民主、富强的中国。当时,国内经过多年的战争,人民渴望和平。共产党顺应民心，提出"和平、民主、团结"三大口号，要求成立联合政府，与国民党共同建设战后中国。不过，蒋介石却不这么想，他绞尽脑汁，要限制甚至消灭共产党的力量。日本投降后，他罔顾中共在抗日战争中作出的重大贡献，阻止中共参与接受日本投降与接收沦陷区的工作。这样一来，国民党的军队就能把日军的先进武器与沦陷区的财富据为己有了。国民党垄断受降，让国共双方产生了尖锐的矛盾。

就在这个节骨眼上，蒋介石向毛泽东连发三封电报，邀请他赴重庆谈判。明眼人一看就知道，这是一场"鸿门宴"。如果毛泽东不去，蒋介石就会借机把"破坏和平，挑起内战"的罪名扣在中共的头上。如果他去了，无异于深入龙潭虎穴。万一毛泽东遭到扣留，甚至逮捕，该怎么办呢？

毛泽东没有被蒋介石的鬼把戏吓倒。为了实现中国的和平、民主、团结，他毅然决定接受蒋介石的邀请，前往重庆。8月28日，毛泽东在周恩来等人的陪同下，飞抵重庆。毛泽东走出机舱，向接机的人们挥手致意。山城沸腾了，人们认识到，中国共产党对谈判是满怀诚意的，是来

◀ 重庆谈判旧址"桂园"

谋求和平的。

  国共双方的谈判持续了四十多天，过程艰难曲折。10月8日，就在谈判进入尾声之时，一场血案在重庆发生：周恩来的秘书李少石被枪杀了！李少石的岳父是著名的国民党左派廖仲恺。当年，廖仲恺因为支持国共合作被国民党反动派枪杀。有人认为，国民党特务是杀害李少石的凶手。迷雾重重之下，国民党有关部门查明了案件的真相。原来，李少石的司机驾车撞伤了一名士兵，那名士兵举枪就打，车上的李少石不幸中弹身亡。周恩来等人经过缜密分析，认为调查结果无误。一场风波平息了。

  10月10日，国共双方签订了《政府与中共代表会谈纪要》，这就是著名的"双十协定"。中共承认了国民党和蒋介石的领导地位。国民党被迫同意和平建国的基本方针,同意召开有各党派代表及社会贤达参加的政治协商会议。然而,国民党拒不承认解放区的人民政权。10月11日,毛泽东平安返回延安(今陕西省延安市)。

在历史的转折关头,毛泽东不顾个人安危,用实际行动向全国人民证明了共产党人和平建国、反对内战的政治主张。而国民党政权为实现独裁,不久就撕毁"双十协定",发动了内战。

长缨在手缚苍龙
——解放战争的爆发和发展

> **导语** 1946年1月10日，国共双方签署并公布了《停止国内军事冲突的协议》，并据此分别发布了停战令。然而，停战令并未带来和平。不久后，国民党不顾民意，悍然发动了内战。

1946年6月，国民党政府调集重兵，向中原解放区发动大规模进攻，接着还将战火引到其他解放区，全面内战爆发。中国共产党领导解放区部队奋起自卫，解放战争全面展开。

战争初期，国民党方面不论在军事力量还是经济力量上，较之中国共产党及其领导的人民解放军都占有明显优势。

国民党的总兵力为430万人，而人民解放军

长缨在手缚苍龙——解放战争的爆发和发展

▲ 中华民国时期全图（1946年）

的总兵力为127万人。

国民党接收了100万投降日军的装备，并获得了美国政府的大量军事援助，包括100多艘舰艇、900多架飞机和大批枪支、火炮、弹药、坦克、汽车。人民解放军的装备，主要是缴自日伪军的步兵武器和少量迫击炮、山炮，没有外国军事援助。

国民党统治着730余万平方千米的土地和3.39亿多人口，分别占全国土地面积的76%和全国人口的71%，并控制了全国所有的大城市、主要交通线和几乎全部工业。解放区的土地面积只有230万平方千米，人口只有1.36亿，经济主要是农业和手工业，基本上没有工业。

国民党凭借其军事、经济优势，采取全面进攻、速战速决的战略方针，企图用3—6个月的时间，消灭人民解放军，摧垮共产党。

针对敌人的情况，中共中央提出了积极防御的战略方针：以消灭敌人有生力量为目的，不在乎一城一地的得失。人民解放军运用这一战法，进行160余次较大的战役战斗，歼灭国民党军71万余人。1947年3月，由于国民党军的大量有生力量被歼灭，加之占领地区扩大，因而蒋介石被迫放弃全面进攻，转而重点进攻陕北解放区和山东解放区。

同月，国民党军第一战区司令长官胡宗南率重兵进攻中共中央所在地——延安（今陕西省延安市）。当时，陕北解放区兵力不足，于是中共中央决定暂时撤离延安，给国民党留下一座空城。解放军保存有生力量，积极开展运动战，利用地形、情报以少胜多，多次在陕北打败国民党军。1948年4月21日，革命圣地延安终于被解放军收复。

▲ 孟良崮战役纪念馆

　　1947年5月,针对鲁中山区的解放军,国民党整编第七十四师发动攻击。该师是国民党最精锐的"五大主力"之一,师长张灵甫目空一切,轻率冒进,不知不觉中被解放军五个纵队的兵力包围。整编第七十四师退入孟良崮(在今山东省蒙阴、沂南两县交界处)防守。然而,该地属于岩石山区,无法挖掘防御工事,而且水源奇缺。蒋介石调派飞机空投食品与饮用水,但其中的大多数被解放军获得。16日,解放军将整编第七十四师全歼，击毙了张灵甫。蒋介石听到消息，痛心疾首。

蒋介石的重点进攻越打越被动，解放军却游刃有余，越战越勇。1947年下半年，刘伯承、邓小平带领大军，千里跃进大别山（在今河南、湖北、安徽三省交界处）。大别山区靠近南京

◀ 刘伯承像

（今江苏省南京市）和武汉（今湖北省武汉市），刘邓大军如同一把钢刀，直插敌人的心脏。于是，大别山的解放军成为蒋介石的心腹大患，有效牵制了国民党军对华北的进攻，揭开了解放军战略进攻的序幕。

一唱雄鸡天下白
——三大战役的胜利

导语 1948年,解放战争到了最后的决战时刻。共产党是如何将国民党的主力消灭的?三大战役又是如何进行的呢?

1947年,国民党军遭遇了连续的失败,逐渐走向崩溃,而解放军在多个战场上势如破竹,胜利的天平已经倾向于共产党,大决战的时机成熟了。

决战的号角首先在东北地区吹响。1948年秋,国民党军分别收缩在长春(今吉林省长春市)、沈阳(今辽宁省沈阳市)、锦州(今辽宁省锦州市)三个孤立地区。9月,辽沈战役开始,面对被分割在几座城市中的国民党军,应该从哪里下手呢?毛泽东运筹帷幄,提出了"关门打狗"的战略,要求东北野战军司令员林彪先攻下锦州,切断国民党军撤回关内的路线,再将东北的国民党军全部歼灭。蒋介石则从华北地区抽调十一个师,令其北上,又命沈阳的部队南下,以解锦州之围。然而,国民党军毫无斗志,自华北北上的部队在塔山(在今辽宁省葫芦岛市连山区)被解放军阻击,无法前进。自沈阳南下的部队也遭遇阻援。10月15日,解放军将锦州国民党军全歼,解放锦州。接着,长春地区的国民党军一部起义,一部投诚。于是,解放军得以集中全部力量进攻沈阳。11月2日,解放军进入沈阳。东北全境解放了!

徐州(今江苏省徐州市)为兵家必争之地,国民党以徐州为中心部署了黄维、黄百韬、邱清泉、李弥、孙元良五大兵团,总兵力约八十万人。1948年11月,中共中央调集华东野战军、中原野战军六十多万人,以刘伯承、陈毅、邓小平、粟裕、谭震林为总前委,发动淮海战役。解放军最先进攻的是部署在徐州东部的黄百韬兵团。黄百韬自知抵挡不住解放军的攻势,立刻往西逃窜,但在碾庄(在今江苏省邳州市境内、陇海铁路线上)被解放军包围。蒋介石要求邱清泉、李弥兵团救援黄百韬，但这两人都想保存实力，所以行军速度非常缓慢。11月22日，黄百韬兵团被全歼，黄本人自杀身亡。在黄百韬被围期间，蒋介石急调黄维兵团去救援，该兵团却在半路被解放军层层围困，最终被歼灭。邱、李、孙三兵团见大事不好，便放弃徐州，向南撤退，不料又钻入解放军的口袋阵。当时正值冬季，国民党军缺衣少粮，冻饿交加，向解放军投诚者很多。1949年1月10日，三兵团被全歼。在淮海战役中，解放军在人数、装备上都不如国民党军，却消灭了黄百韬等五大兵团，歼敌五十五万余人，创造了战争史上的奇迹。

平津战役几乎与淮海战役同时开始。国民党方面驻守华北的是华北"剿总"总司令傅作义，其麾下有兵力六十万人。为稳住并就地歼灭傅集团于平津地区，中共中央和毛泽东指示东北野战军提前入关，会同华北军区部队共约一百万人，在林彪、罗荣桓、聂荣臻组成的总前委统一领导下发起平津战役。在解放军强大的攻势下，傅作义部丧城失地，北平（今北京市）成为一座孤城。傅作义早已对腐败的国民党感到失望，于是有了与中共和谈的想法。经过中共中央和北平地下党组织的努力争取,他率部接受和平改编。1949年1月31日,北平和平解放,平津战役胜利结束。

三大战役后,国民党的主力部队基本被摧毁。4月,解放军发起渡江战役,解放了南京(今江苏省南京市)。国民党政权逃往台湾(治今台湾地区台北市)。

10月1日,庆祝中华人民共和国中央人民政府成立的典礼在首都北京(今北京市)隆重举行。毛泽东主席在天安门城楼上庄严宣告:"中华人民共和国中央人民政府今天成立了!"中华人民共和国的成立,揭开了中国历史新的篇章。中国共产党领导和组织人民,推翻了长期压在人民头上的帝国主义、封建主义和官僚资本主义"三座大山",踏上了带领人民创造幸福美好生活的新征程。

▶ 淮海战役总前委群雕

历史的合力
——国民党政权失败的原因

> **导语** 抗战胜利之后，国民党的兵力和武器装备均强于共产党。所以，蒋介石曾视解放军为"乌合之众"。然而，就是这些蒋介石眼里的"乌合之众"，几年内就推翻了国民党在大陆的统治。这是为什么呢？

政治、军事、经济等多种因素的交互作用，终结了国民党政权在大陆的统治。下面我们就来具体分析这些因素。

国民党政权是一个十分腐败的政权。抗战胜利后，国民党政府的官员去沦陷区，接收被日本人侵占的领土与财产。在接收过程中，这些官员肆无忌惮地倒卖、侵吞各种财产与物资，想方设法地对沦陷区人民进行敲诈勒索。名义上的"接收"其实是"劫收"。人们把这种"接收"讽刺为"三洋开泰"（捧西洋、爱东洋、要现洋）、"五子登科"（金子、房子、车子、料子、女子）。所谓"三洋开泰"，意思是国民党官员来了之后，最喜欢的是银圆（现洋）、从日本（东洋）或欧美（西洋）进口的稀罕玩意儿。所谓"五子登科"，是说国民党官员在沦陷区争抢黄金、房产、汽车、衣料、美女。沦陷区的老百姓之前长期忍受日本侵略者的欺压，现在好不容易熬到抗战胜利，中央政府来了，他们反而比之前还痛苦。为此，人们编了很多讽刺国民党政府的民谣："盼中央，望中央，中央来了更遭殃""天上来，地下来，老百姓活不来"……如此腐朽的国民党政权，怎能不失去民心？怎能不灭亡呢？而共产党人清正廉洁，高级干部也住在窑洞里，和普通干部一样。

国民党政治上的腐败是其军事失败的诱因之一。军用物资及军费是国民党内贪腐问题的重灾区。蒋介石在前线视察时，发现国防工事如纸糊的一般。国民党军的广大官兵面黄肌瘦，缺医少药。更致命的是，国民党军的将领有派系之分，很难相互配合。蒋介石有嫡系部队，即所谓"中

▸ 延安枣园的毛泽东旧居

央军"。除此之外，还有一些后来加入国民党政权的地方军阀，蒋介石经常让他们的部队冲在前面当炮灰。在这些部队陷入危险后，中央军为了保存实力，也不愿意去救。就连中央军的军官们，也往往相互嫉妒。遇到友军失败的情况，他们幸灾乐祸，拍手称快。而解放军令行禁止，使命必达，所以能够以少胜多。

国民党的军事失败加速了其经济的崩溃。国民党军连战连败，装备丢了，就花钱去补充。为了筹集军备，国民党政权大开印钞机，疯狂发行纸币，导致物价急剧上涨。国民党发行的纸币如同废纸一般，老百姓都用来糊墙。最后，人们放弃了钞票，用上了袁世凯铸造的银圆，甚至以物易物。

在这种情况下，正常的商业活动根本无法开展。于是，蒋介石决定进行经济改革，而这成了彻底压垮国统区经济的最后一根稻草。1948年8月，国民党政权发行新的货币"金圆券"。政府不允许人们私藏贵金属，要求人们把手里的黄金拿出来换成金圆券。随着国民党军队的节节败退，国民政府开始滥发金圆券，所以金圆券迅速贬值。就这样，国统区老百姓手中本就有限的财富被榨取干净了，而市面上的生活必需品又贵得离谱，人民苦不堪言，国民党民心尽失。解放军则屡战屡胜，大量缴获战利品，还改造国民党战俘，以补充兵源，所以军队越打越多，越战越勇。共产党还在解放区进行土地改革，将地主的土地平分给贫民。人民为了保卫土改果实踊跃参军，支持共产党。

总而言之，历史的发展演进是有规律的。国民党代表着大地主、大资产阶级的利益，严重脱离人民，腐化堕落，最终导致政权的崩溃。这更加说明，只有社会主义才能救中国，只有中国共产党才能建设中国。